新编 21 世纪职业教育精品教材

劳动素养

主　编　王敬良
副主编　王春艳　李海燕
参　编　丁晓宇　宗海丽　高　珊
　　　　田兴红　秦凤霞　王元明
主　审　张庆会

中国人民大学出版社
·北京·

前言

党的二十大报告指出，"教育是国之大计、党之大计。培养什么人、怎样培养人、为谁培养人是教育的根本问题。"职业教育是我国教育体系的重要组成部分，肩负着"为党育人、为国育才"的神圣使命。加强教材建设和管理，完善学校管理和教育评价体系，健全学校家庭社会育人机制，是全面贯彻党的教育方针，落实立德树人根本任务，培养德智体美劳全面发展的社会主义建设者和接班人的重要体现。2020年7月，教育部印发《大中小学劳动教育指导纲要（试行）》，明确将劳动教育纳入人才培养全过程，要求独立开设劳动教育必修课，组织开展劳动教育课程资源研发。根据《中共中央 国务院关于全面加强新时代大中小学劳动教育的意见》等文件以及全国教育大会等会议的精神，结合职业教育的特色，我们广泛调研，认真听取了职业教育工作者的建议，以适用为原则编写此书。

本书在解读劳动内涵的基础上，对劳动精神、劳模精神、工匠精神及红色教育等方面进行阐述与延伸，加强对学生劳动观念、劳动意识、劳动能力的培养。通过对本书的学习，学生能充分理解劳动教育的内涵，有助于端正劳动态度，培养正确的劳动价值观和良好的劳动品质；能够理解和形成马克思主义劳动观，牢固树立劳动最光荣、劳动最崇高、劳动最伟大、劳动最美丽的观念；体会劳动创造美好生活，体会劳动不分贵贱，热爱劳动，尊重普通劳动者，培养勤俭、奋斗、创新、奉献的劳动精神；具备满足生存发展需要的基本劳动能力，形成良好的劳动习惯。

本书在编写过程中，参考了大量的资料，广泛借鉴了国内众多专家、学者的研究成果，在此表示由衷的谢意！由于编者水平有限，时间受限，书中还存在不足之处，敬请广大读者批评指正，以便不断完善和提高。

目 录

第一章　劳动概述 ... 1
第一节　劳动的概念 ... 3
第二节　树立正确的劳动价值观 ... 8

第二章　劳动精神 ... 19
第一节　劳动精神的来源 ... 20
第二节　劳动精神的时代价值 ... 29
第三节　当代大学生如何践行劳动精神 ... 34

第三章　劳模精神 ... 45
第一节　劳模的内涵 ... 47
第二节　劳模精神的意义 ... 57
第三节　践行劳模精神 ... 61

第四章　工匠精神 ... 67
第一节　感悟工匠精神 ... 68
第二节　工匠精神的时代价值 ... 71

第三节　传承工匠精神 ·· 73

第五章　劳动创造美好生活　　83

　　第一节　人靠衣装，美靠靓装 ··· 84
　　第二节　民以食为天 ·· 91
　　第三节　勤劳造就美好生活环境 ·· 95
　　第四节　遵守交规，平安出行 ·· 101

第六章　志愿服务与志愿精神　　109

　　第一节　光荣的志愿者 ·· 111
　　第二节　志愿服务 ·· 122
　　第三节　志愿精神 ·· 125

第七章　艰苦奋斗精神　　131

　　第一节　艰苦奋斗的新内涵 ··· 132
　　第二节　立足现实，艰苦奋斗 ·· 134
　　第三节　体悟革命精神，传承红色基因 ······································ 139

参考文献 ··· 147

第一章 劳动概述

习近平总书记在 2018 年全国教育大会上发表重要讲话时提出，要培养德智体美劳全面发展的社会主义建设者和接班人，对德智体美劳教育内容和新时代人才培养目标提出了明确要求，特别强调要强化体育、美育和劳动教育，努力构建德智体美劳全面培养的教育体系，形成更高水平的人才培养体系。

2 劳动素养

案例导入

在劳动中激发的家国情怀

全国政协委员杨承志出生在中国西北一个非常贫穷的山村。谈及未来人才所需要的必备品格和关键能力，他说，一路走来，他从劳动中汲取了成长成才的宝贵营养，回忆起童年生活，几乎都是全家人一起劳动的场景。那时生活虽然很艰苦，但心里却是满满的幸福感。

幼时参与，初识劳动甜滋味。杨承志回忆说，4 岁时，家里要盖房，他就扛着父亲用木棍子"改造"的小扁担，跟着父亲去离家两公里外的邻村挑瓦片。邻里路人都对他夸赞："这家的孩子真了不起，这么小就会干活，能为家里做贡献了，将来肯定是个大人物！"一种劳动收获的幸福感在杨承志的心底涌动着，这也成为他人生中第一次正式劳动的温暖记忆。在之后的成长路上，"劳动光荣"不是一种说教，更不是一种口号，而是一种从立体观念映射到自身行动的习惯。在上小学前，杨承志就正式成为家庭劳动力中的一员了。母亲做饭，他就帮忙拉风箱烧火，并开心地为家人端饭、洗碗；父亲干体力活，他也跟着干。长大后，杨承志逐渐明白，人生的意义在于劳动，生命的价值只有通过劳动才能体现出来，而那次挑瓦的经历，使他幼小的心灵感受到了快乐源于劳动及劳动的收获，逐渐从劳动中感悟到了生命的价值。

学会担当，体会家庭责任感。杨承志在上小学时，家里养羊，他放学回家后就马上去放羊、割草，并给羊圈里垫土；到了中学，他就经常下地干农活。从小参与家庭劳动的经历，让杨承志"同步"感受到了父母亲抚养他的艰难困苦，也增强了他对家庭的责任感和担当力。那个时代，虽然生活困难，但梦想和斗志从未减少，反而有一种"苦中作乐"的革命浪漫主义情怀一直在激励着他。而且更重要的是，生活中的劳动经历，让这个西北男子汉变得心灵手巧。直到现在，他的衣服坏了自己缝，生活上保持着勤俭节约的作风。"现在看来，学生时代的劳动，让我在求学路上，有了更强的驱动力，更大的爆发力，有了面对困难时百折不挠的坚强品质与奋斗精神。"杨承志说，边学习边参加生产劳动的体验，也促使他一直在思考"我为什么要学习？我将来要变成什么样的人？"这样的问题。逐渐地，"为天地立心，为生民立命，为往圣继绝学，为万世开太平"便成为他人生的追求与目标。

投身科研，倾献爱国赤子心。参加工作以后，杨承志回老家还牵着牛去耕地，永葆农民本色。他说，那些劳动经历对他而言都是一种锻炼。"农村的生产劳动磨砺了我的韧性，劳动锻炼了我的胆识和创造力，成为支撑我一路向前的不竭动力。"而贯穿在劳动中的"魂"，其实就是父亲曾对儿时的他说过的那句话——"咱们只有通过自己辛勤的劳动，未来才能改变家庭、改变国家，甚至改变世界。"杨承志说，作为一名农民出身的军队科技工作者，心系国家安全是他的使命。他立志在自己的专业领域内，以技术专长服务国家安全，通过自己持续的教育与科研劳动，为实现世界一流的军队提供一流人才和一流的装备核心技术支持。

劳动教育，家国情怀代代传。谈及未来人才需要具备的核心素养，杨承志呼吁，孩子们亟须补上劳动素养这节课，在劳动中，让孩子们树立爱家、爱国、爱世界的情怀。"在女儿的成长中，我给她'开设'的第一课就是劳动素养课，让她从小在亲身参与中，将劳动作为一种习惯。"作为父亲，杨承志将"劳动"作为传家宝，让孩子在劳动中，修心、育德、观天下。"对孩子而言，最好的思想品德教育课，不是灌输、不是说教，而是让孩子在亲历亲为的劳动中感悟。"

"劳动铸造孩子完美人格，劳动成就孩子美好未来。未来社会，虽然是高科技发展的社会，但人的劳动素养不能缺失。"杨承志结合自己的成长经历表示，只有让孩子成为劳动者，他们才能亲身感受劳动的重要性，才能亲自享受劳动的快乐，才能真正热爱劳动的价值。而在劳动过程中衍生出生活智慧和家国情怀，才能更好地适应这个日新月异的世界，才能成就中华民族的伟大复兴。

资料来源：张惠娟．在劳动中激发的家国情怀．人民政协报，2018－05－02．

第一节　劳动的概念

对于职业院校的学生来说，尤其要牢固树立劳动最光荣、劳动最崇高、劳动最伟大、劳动最美丽的观念。我们应该焕发劳动热情、释放创造潜能，通过劳动创造更加美好的生活。

一、关于劳动概念的几种提法

纵观一部人类文明史，从刀耕火种的原始社会到男耕女织的农业社会，从蒸汽时代到电气时代，再到当今的信息时代，都是在长期的劳动实践中逐步发展起来，劳动一词，对于人类来说并不陌生，它是人类所有的活动中最基本的实践活动，关于劳动的名言，古今中外不胜枚举，人们都把"劳动"当作最光荣的事、最美的品质。

我们通常理解的狭义的劳动概念是指劳动力的使用和消费，或人们使用一定的劳动工具作用于一定的劳动对象，创造某种使用价值或效用以满足人类自身需要的有目的的活动。也有学者阐释：劳动是人们为了满足物质、精神文化的需要以及实现自身全面发展所进行的有目的的活动，是人主动地、创造性地利用自然资源、社会资源和人类自身潜能与客观世界进行物质交换并创造精神文化产品的过程。

简而言之，劳动是人们为了创造使用价值以满足物质和精神需要而对体力与脑力的耗费。通俗地讲劳动就是以养活自己、照顾家庭、服务社会为目的的活动，不同时代的人们对"劳动"的理解和描述不尽相同，但是"劳动创造美好生活"的意义是亘古不变的。

劳动是一种使物质世界有计划地产生变化的活动。劳动过程的简单要素是有目的活动或劳动本身、劳动对象和劳动资料。劳动首先是人和自然之间的过程，是人以自身的活动来引起、调整和控制人和自然之间的物质变换过程，这个过程包括劳动三要素的结合运动过程，它的内涵非常丰富，这是广义的劳动。

马克思把劳动比喻为整个社会都在围绕旋转的"太阳"，将劳动视作创造价值的唯一源泉。凭借一双勤劳的双手，人类的祖先打磨几块冷石，生起一团热火，告别茹毛饮血，迈向新的生活。凭借一双勤劳的双手，中华民族的先民们"烁金以为刃，凝土以为器，作车以行陆，作舟以行水"，用汗水与智慧开启了灿烂的中华文明。凭借一双勤劳的双手，中国人民在中国共产党的领导下，自力更生、发奋图强、解放思想、锐意进取，取得了革命、建设、改革的伟大成就，全面建成了小康社会，共同创造着幸福生活。

榜样故事

劳动成就梦想

全国劳模谭旭光，目前担任山东重工集团有限公司党委书记、董事长。20多年来，他团结带领广大职工大刀阔斧推进改革，探索形成国企改革的"潍柴模式"；心无旁骛攻主业，致力打造高端制造，叫响中国制造"潍柴品牌"。

谭旭光1977年进入潍柴，从一名普通工人一步步成长为一个大型国企的党委书记、董事长，从一名技术试验工成长为国家科技进步一等奖的第一完成人。谭旭光说，很多人评价我是发动机领域的"疯子"，"不争第一就是在混"是我的人生信条。近年来，他先后带领潍柴集团、山东重工从销售收入几亿元发展到2019年近4 000亿元，从一个地方企业发展成为一个国际跨国集团。在企业不断发展壮大的过程中，谭旭光始终牢记"心无旁骛攻主业"的思想，推动企业高质量发展。

对谭旭光来说，梦想从来没有休止符。下一站，他的目标是打造受人尊敬的万亿级工业装备企业集团。弘扬劳模精神，勇于担当责任，挑战世界一流，在新旧动能转换、高质量发展中做出更大贡献。

二、劳动概念的内涵和外延

进入 21 世纪以后随着劳动时代内涵的不断丰富，劳动的外延也在不断拓展，劳动的内涵就是它所含本质特有的属性的总和，而其外延就是指所反映的本质属性的所有事物，也就是与它有关系的其他概念的适用范围。理解劳动的内涵和外延有助于进一步了解"劳动"这一概念。

1. 劳动的内涵

恩格斯在《劳动在从猿到人转变过程中的作用》一文中指出：在一定意义上说，"劳动创造了人本身"。所谓劳动是指人们运用一定的生产工具，作用于劳动对象，创造物质财富和精神财富的有目的的活动。

劳动是人类社会存在和发展的最基本的条件，劳动在人类形成过程中，起了决定性的作用。人类的祖先猿，经过长期劳动才变成能制造工具的人。劳动对象是指人们在劳动过程中对一切被加工的东西的总称，它可以是自然界原来有的，例如树木、山水，也可以是加工过的原材料，例如钢材、布料。

一般来说劳动可分为体力劳动和脑力劳动两大类。体力劳动是指以人体肌肉与骨骼的劳动为主，以大脑和其他生理系统的劳动为辅的人类劳动。脑力劳动是指以大脑神经系统的劳动为主，以其他生理系统的劳动为辅的人类劳动。虽然人们常将劳动分为体力劳动与脑力劳动，但在现代社会中，纯粹的体力劳动与脑力劳动未必是劳动的主要成分，体力劳动与脑力劳动兼而有之的复合劳动可能是主流。任何一种劳动都是体力和脑力劳动的结合，两者相互渗透，相互关系的属性为内部一体、外部分立。例如一个软件工程师，整天测试软件的性能，坐在电脑旁编程序和调试程序，这就是体力和脑力二者有机结合在一起的形式。所以，对于劳动的理解应与时俱进，劳动智慧也成为新时代劳动教育的目标之一。

劳动精神作为一种意识活动，会反作用于劳动实践过程，一方面劳动精神会激发人们投身劳动的热情，另一方面在劳动精神的作用下，人们可以克服劳动中的困难，培养不怕辛苦、敢为人先的毅力和品质。

随着时代的变迁，人们对"劳动"的认识也应该随之发展，跟上时代的要求。"劳动"这一概念应该是与时俱进的，随时代变化而具有不同的时代特征。因此，要在当今时代背景下把握"劳动"这一概念。

2. 劳动的外延

劳动是人类实践活动的一种特殊形式，"实践"一词也可指"劳动"，实践是指人主动地改造客观世界的物质活动，是人所特有的对象性活动。人的实践活动具有自主性，人通过实践不但能够认识客观规律，而且能够利用客观规律改造世界。在《中国大百科全书（哲学卷）》中，劳动被定义为"人类特有的基本的社会实践活动，也是人类通过有目的的活动改造自然对象并在这一活动中改造人自身的过程"。

人的辛勤劳动能创造大量的社会财富，是社会安定幸福的前提。随着时代的变化，当代劳动的内容、形式和结构与马克思所处的时代相比发生了深刻变化，劳动的形式更加多样，劳动的各个对象的性质也有相应的扩展和改变。

（1）劳动形式的单一性和多样性。劳动不是固定不变的，而是一项充满丰富内容的可变性活动。它随着社会生活实践的发展而不断丰富，随着科学技术水平的提高，仅靠物质产品已无法完全满足社会需求，部分社会需求必须通过有形或无形的精神产品及服务来满足。

（2）劳动范围的区域性和全球性。随着经济全球化的发展，劳动已超出传统意义上一个企业、行业甚至一个社会、国家的范围，而具有了世界意义，无论是劳动的创造还是劳动价值的实现，都因时代发展而具有了全球性，生产一种商品的劳动是否为社会所需要、是否能创造并实现其价值，不再仅仅由一国市场决定，而是越来越多地由世界市场来决定。

（3）劳动要素的整体性和分离性。劳动是一种现实性的活动，只有各种要素在劳动过程中统一起来，才会有整体的劳动过程，在知识型经济条件下，劳动不再等同于一般劳动。知识劳动成为重要的劳动形式并影响着整个劳动活动过程，它更多地表现为掌握了现代科技和劳动技能的劳动者，利用现代化的设备和技术体系与劳动对象发生作用，知识经济条件下的劳动，其主体和客体及工具出现了一定程度的分离，使创造财富的劳动过程变得有序而简化。但是需要注意的是，分离没有也不可能否定劳动的整体性，而是更加突出了劳动的整体性。劳动整体性与分离性是统一的，把握劳动要素的整体性与分离性的统一，可以为认识和把握劳动与劳动结果的科学内涵奠定理论基础。

（4）劳动本质的稳定性和发展性。"劳动是改造客观世界、引起物质变换的对象性活动，任何劳动都会产生一定的劳动结果""劳动是人类的本质活动，离开劳动人类就不能生存与发展""劳动创造世界，劳动创造人本身"，对劳动的这些基本认识表明，劳动的本质具有稳定性，但在不同的经济时代和资源条件下，劳动的内涵和外延都会随之发生变化。在知识经济条件下，人类认识自然、改造自然的能力不断提高，科学技术发展迅速赋予劳动本质以新的内涵，劳动的内容将会更加丰富多彩，形式也越来越富于变化，劳动者的流动性将会增强，体力支出将会减少，智力支出则会越来越多，劳动的世界性将把人类联结为一体。生产率也会越来越高，高效率人才的重要性会越来越突出，对人才的争夺也会愈演愈烈。

当然，劳动仍然是人们谋生的重要手段，但其也渐渐发展成人们生活的第一需要。习近平总书记高度重视劳动精神，大力提倡和弘扬劳模精神，他指出必须大力弘扬劳模精神，发挥劳模作用，榜样的力量是无穷的。劳动模范是民族的精英、人民的楷模。劳动精神丰富了民族精神和时代精神，是我们极为宝贵的精神财富，由此可见劳动精神对劳动实践活动具有重要的激励作用。只有以积极、昂扬、向上的精神状态投入劳动实践，劳动实践活动才富有朝气、活力和创造力。

我国宪法明文规定"公民有劳动的权利和义务"，这就要求每个有劳动能力的人都要将劳动看成自己的光荣职责和神圣使命，必须以主人翁的态度对待劳动。

榜样故事

从"中国制造"到"中国创造"

从绿皮车到"子弹头"，从"中国制造"到"中国创造"，飞驰在神州大地的中国高铁实现了由"追赶者"到"领跑者"的蜕变，这背后，离不开高铁工人的智慧与汗水。

中车长春轨道客车股份有限公司高速动车组制造中心调试车间高级诊断组工人罗昭强扎根一线30余年，取得创新成果200余项，先后获得全国五一劳动奖章、全国技术能手、全国劳动模范等荣誉。面对成绩，罗昭强谦虚地说："产业报国、勇于创新、为中国梦提速，这是每一个高铁工人的追求。"

高铁调试，罗昭强是"半路出家"。"如果在长客干了一辈子，却没亲手制造高铁，将会是我一生最大的遗憾。"2015年，43岁的罗昭强怀揣着热爱与向往，从一名维修电工转岗至高铁生产调试一线。不惑之年再起航，难度可想而知。罗昭强从"学徒"做起，手机、电脑存满各种图纸，连早晚乘坐班车都在研究。基于25年维修电工的技术积累和对高速动车组调试知识的快速"充电"，罗昭强很快成为高速动车组制造中心调试车间技术团队负责人，率领团队先后完成"复兴号"中国标准动车组、京张智能高铁等国家和企业重点项目的试制和调试攻关工作，取得数十项调试方法的创新，保证了动车组"零故障"出厂。

"新时代的技术工人不仅要埋头苦干，还要懂技术、会创新。"这是罗昭强一直奉行的工作法则。面对国外调试设备的技术封锁，他创新研制出具有自主知识产权的列车端部模拟器等动车组关键调试装备，打破国外市场垄断，牢牢地把调试技术掌握在自己手里。

罗昭强在创新路上越战越勇，他又将目光锁定在城铁车和出口车项目上，先后研制出"城铁车调试模拟装置"和"海外高端市场地铁列车模拟调试装置"。其中,"海外高端市场地铁列车模拟调试装置"受到业主的高度青睐,以每套100万美元的价格成功打入业主市场。中国工人的发明创造登陆海外高端市场,为中国高铁实现"走出去"提供了有力支撑。

调试人才培养面临不少困难。动车组价值高昂,如果采用实车培训,将出现培训效率低、成本风险高等问题。为破解这一难题,罗昭强决心研制一套全新的动车组调试技能实训装置。罗昭强从零起步,反复研究,经过半年多努力,成功研制出"高速动车组调试操作技能实训装置"。这套装置通过控制逻辑和功能模拟,在地面搭建与实车相同的调试培训环境,消除了过去培训人车不能分离、容易造成车辆故障的弊端,提升培训效率近5倍。凭借该装置,罗昭强一举获得4项国家发明专利、7项国家实用新型技术专利。

"我就是热爱这份工作,我最大的希望是经我调试的列车,安全、平稳地从中国驶向世界。"罗昭强表示,未来他将不断探索、不断创新,让中国高铁这张"金名片"更加闪亮。

> **小结**:习近平总书记在全国教育大会上指出,要在学生中弘扬劳动精神,教育引导学生崇尚劳动、尊重劳动。这是新时代对素质教育的重申。认同劳动,乐于劳动,学会劳动,是青少年走向社会的前提品质。引导青少年树立正确的劳动观念,必须从正确理解"劳动"开始。

第二节 树立正确的劳动价值观

人类历史是以人的物质劳动作为载体的历史,劳动在整个人类社会和社会历史的发展中处于关键性地位。劳动是马克思用以分析人类历史发展的核心范畴之一,通过对劳动的解读,形成了马克思主义劳动观。

一、马克思主义劳动观

在历史唯物主义的视域中,马克思对人类劳动的基本价值进行的分析主要表现为劳动创造世界、劳动创造历史和劳动创造人本身三大主张。

1. 劳动创造世界

马克思认为,构成人类赖以存在的现实世界的关键要素之一正是人的劳动。而且这种劳动是现实生活中的人的感性物质劳动,即作为人类实践活动最基本形式的生产劳动。马克思认为，这是区分人与动物的关键。"一当人开始生产自己的生活资料，即迈出由他们的肉体组织所决定的这一步的时候，人本身就开始把自己和动物区别开来。人们生产自己的生活资料，同时间接地生产着自己的物质生活本身。"① 从这里可以看出，人类的生产劳动都是有意识、有目的的活动，其试图创造出一个可以满足人类生活需要的物质世界。

考古学、人类学等科学证明，古猿在适应自然环境的过程中，先是直立行走，然后使用自然工具，最后是制造工具。在人类社会中，正是人的劳动，才使自然、社会和人本身不断进步，世界不断发展。在资本主义条件下，无产阶级的劳动是社会财富的来源。在共产主义社会里，劳动仍然是必要的。在这个社会的第一阶段，劳动仍然是人们谋生的手段；在其高级阶段，劳动则成为个人全面发展的表现。这里劳动起了决定性的作用。

坚持马克思主义的劳动观点，有利于树立起牢固的人民群众创造历史的观念，对于促进劳动热情的提高、劳动条件的改善以及对劳动成果的尊重，具有十分重要的意义。但是，在马克思看来，从事生产劳动的个体不是处在某种虚幻的离群索居和固定不变状态中的人，而是处在现实的、可以通过经验观察到的、在一定条件下进行的发展过程中的人。因此，马克思历史唯物主义所理解的世界，本身是人类的现实生产劳动的结果，而不是与人类的现实生产劳动无关的抽象的外在实体。也正是通过劳动，人类和外部世界的关系才发生了根本性的转变，原先自在意义的自然世界逐渐成为自为意义的人类世界，在这一世界中，关键性的问题不再是通过劳动来解释或直观，而是改变或改造世界，作为人类最基本实践活动形式的劳动，也不再只是单纯地依靠人的感性活动，而是将感性活动转变为人的现实社会活动。由此，马克思正式揭示了劳动的社会规定性，并从人与人的社会关系层面来理解和把握劳动，从而实现了历史唯物主义对之前一切旧唯物主义的根本性超越。

2. 劳动创造历史

社会主义是干出来的，新时代是奋斗出来的。人民创造历史，从劳动的角度来讲，其实质就是劳动者创造历史。全面建设社会主义现代化国家，根本上要靠劳动、靠劳动者的创造。劳动的作用要通过劳动者来实现，人民群众是历史的推动者。因此，只有立足于生产劳动才能真正理解人类历史的发展，只有劳动人民才是历史的创造者。恩格斯曾经鲜明地指出："历史破天荒第一次被置于它的真正基础上；一个很明显的而以前完全被人忽略的事实，即人们首先必须吃、喝、住、穿，就是说首先必须劳动，然后才能争取统治，从事政治、宗教和哲学等等，——这一很明显的事实在历史上的

---

① 马克思，恩格斯. 马克思恩格斯选集：第1卷. 北京：人民出版社，2012：147.

应有之义此时终于获得了承认。"① 总的来看，劳动被看作"一切历史的基本条件"和"人类的第一个历史性活动"，既是人类历史发展的事实起点，也是整个历史唯物主义架构的逻辑起点。马克思正是通过劳动来揭示物质资料生产的作用，发现了人类社会关系发展的客观规律性，并由此肯定了人的主体地位，继而发现了劳动人民在历史发展中的伟大作用，而这正是马克思全面建立历史唯物主义的两个理论准备。

3. 劳动创造人本身

马克思深刻指出，劳动不仅创造出人类的物质世界和社会历史，同时也创造了人类自己。

恩格斯在《劳动在从猿到人转变过程中的作用》一文中，详细描述了劳动在人类从猿进化为人的过程中的作用。在人类的进化意义上是劳动创造了人本身，会使用和创造劳动工具把人类社会与猿群世界得以区分开来，劳动使人学会直立行走，并且劳动还创造了语言。正是在改造世界的劳动过程中，人类才真正地证明自己是类存在物，而劳动就是人类能动的类生活，只有通过作为类生活的劳动，自然界才表现为他的作品和他的现实。劳动创造了人类生存所必需的全部物质条件和精神条件。劳动是人的生命存在和全部社会活动的前提，必须从事生产劳动，通过劳动改造自然，从大自然中获取生活资料，解决吃、穿、住的生活问题。总之，劳动不仅是人的本质规定，更是人类自身生产和再生产的创造过程。

新时代，我们党必须始终坚持马克思主义劳动观，深刻把握劳动对于促进人类进步、引领经济社会发展的重要作用，并结合我国具体国情，将新时代马克思主义劳动观贯彻落实到社会主义现代化建设实践全过程各方面。

> **劳动箴言**
>
> 生活靠劳动创造，人生也靠劳动创造。

二、新时代劳动观

当前，在充分继承马克思主义思想的基础上，进一步发展了马克思主义劳动观，开创了新时代中国特色社会主义思想的新境界，形成了具有时代特色的新时代劳动观，为新时代营造崇尚劳动、尊重劳动的良好氛围提供了重要遵循。

1. 新时代的劳动实践观

"人类是劳动创造的，社会是劳动创造的""劳动是人类的本质活动"，这些既是对唯物史观劳动思想的继承与发展，也是对新时代中国特色社会主义伟大事业中的劳动的生动诠释，回应了新时代中国特色社会主义发展所面临的新使命和新课题，形成了"实干兴邦"的劳动实践观，"社会主义是干出来的"，也充分体现了马克思主义的实践

---

① 马克思，恩格斯. 马克思恩格斯选集：第3卷. 北京：人民出版社，2012：723.

观思想，鼓励劳动人民以辛勤劳动、诚实劳动和创造性劳动成就中华民族的伟大梦想。

榜样故事

社会主义是干出来的

作为长期扎根基层一线的同志，一个"干"字，成为廖俊波人生的真实写照。不忘党的宗旨、牢记党的嘱托，廖俊波在每一个地方、每一处岗位，都以求真务实的作风践行誓言，用令人信服的业绩诠释忠诚，在兢兢业业、鞠躬尽瘁的努力奋斗中，向党和人民交出了真抓实干的精彩答卷。

这是一张一心为公的答卷。常言道，心正则身正，心正则路直。廖俊波干工作从不计较个人得失，更不挑肥拣瘦，始终认为党组织"把我放在哪里都是信任、让我做更多的事就是重用"。在有的人眼里，到全省经济排名末尾的政和县任职不是"好选择"，但他却说："打它个翻身仗，这是一件多么有意义的事啊！"正所谓心底无私天地宽，廖俊波校正干事兴业的价值坐标，提出"赚钱的事让群众干，不赚钱的事让党委政府干"；他严守廉洁底线，虽常年负责招商引资工作，但始终恪守"亲清"之道、廉洁奉公。像廖俊波那样清清白白做人，干干净净做事，堂堂正正做官，广大党员干部才能无愧于党和人民的期待，创造经得起实践、人民、历史检验的实绩。

这是一张夙夜在公的答卷。一勤天下无难事，"不干，半点马克思主义都没有"。看到地方落后面貌，廖俊波坐不住更闲不住。在主政荣华山产业组团的 4 年间，他乘坐的车辆跑了 36 万公里，平均每天超过 240 公里；在他生命的最后 45 天，有 22 个晚上在开会，14 个晚上在外出招商或者赶路。面对贫困县发展中的土地、资金、人才等各种困难，他拿出"背着石头上山也要干"的劲头，带领干部群众奋力闯出一条山区发展工业的新路子。敢挑最重的担子、敢啃最硬的骨头，这是廖俊波干事的风格、为政的品格，也是他取得突出成绩的法宝。勤政务实是成事之基，苦干实干是兴业之道。各级干部唯有勤于做、努力干，方能成就一番事业、造福一方百姓。

这是一张善作善成的答卷。领导干部主政一方，只有把事情做成干好，才是不负重托、不辱使命。廖俊波长期工作在发展落后地区，如何加快发展、帮助百姓脱贫致富是他时时刻刻牵挂的课题。廖俊波坚信"办法总比困难多"，不懂就问、不会就学，深入调研问计于民，集思广益大胆尝试，从新发展理念中找思路，在改革创新的方向上求突破。从主动拜"80 后"电商为师，促进政和县电商业蓬勃发展，到创造性地提出建设邵武市专业化产业平台，推动当地工业发展驶入"快车道"，廖俊波创造的骄人业绩，贯穿脚踏实地、狠抓落实的实干精神，凝结因地制宜、科学决策的创新智慧。

面对改革攻坚克难、发展转型升级的新形势新任务，廖俊波为各级干部勇担当、善作为作出了表率，提供了范例。

社会主义是干出来的，好日子也是干出来的。从廖俊波同志先进事迹中汲取开拓进取的不竭动力、激发实干兴邦的强大力量，争当改革实干家、促进派，广大党员干部就一定能为实现"两个一百年"奋斗目标、实现中华民族伟大复兴的中国梦作出新的更大贡献。

2.新时代的劳动发展观

习近平总书记指出，"劳动是推动人类社会进步的根本力量"，进一步强调了劳动创造的历史价值和重要意义，丰富和完善了马克思主义劳动观，从马克思认为的"劳动是任何一个民族存在和发展的基础"到习近平总书记的"劳动开创未来"，揭示了劳动与社会发展的本质联系。实现中华民族伟大复兴是中国未来的发展方向，劳动则是实现中华民族伟大复兴的根本路径。劳动是通向未来的必经之路，只有脚踏实地地劳动，才能描绘出更加绚丽的美好未来。

3.新时代的劳动价值观

党的十八大以来，每年"五一"前夕，习近平总书记都要同劳动者座谈或作出重要指示，勉励劳动模范和工人阶级，提倡劳动创造，讴歌劳动精神，他号召全社会应始终弘扬劳模精神、劳动精神和工匠精神，为党和国家事业发展汇聚强大的动力，为实现中国梦提供"崇尚劳动"的价值引领。从国家维度，要始终弘扬劳动精神，为实现中华民族伟大复兴的中国梦注入强大的精神动力。从社会维度，弘扬劳动精神有利于在全社会营造崇尚劳动的浓厚氛围和敬业风气，为中国特色社会主义事业汇聚起精神能量。从个人维度，榜样的力量是无穷的，劳动精神可以感染并引领广大劳动者勤奋做事、勤勉做人、勤劳致富，培育和践行社会主义核心价值观。

三、树立正确的劳动价值观

劳动是国家发展的动力，是民族复兴的基石。中华人民共和国成立后，党中央通过表彰全国劳动模范和先进工作者，弘扬劳动精神，引导全社会树立正确的劳动观和价值观。青少年时期是树立正确价值观的关键时期，树立正确劳动观、价值观，会从劳动中体验人生，体会快乐，学会分享，是一生的财富，受益终身，作为学生我们要从以下几个方面树立正确的劳动价值观。

1.为建设社会主义、实现共产主义而劳动

无产阶级劳动观集中反映了无产阶级和广大人民群众的根本利益，它能够促进社会主义物质文明和精神文明建设的深入发展。我们应在工作实践中努力树立无产阶级的劳动观，新中国已经走过了70多年艰难曲折而又光辉灿烂的道路，各方面都取得了巨大的成就。但我国目前仍是发展中国家，摆在面前的困难仍然很多，我们的任务是艰巨的，还须付出更加艰辛的劳动，才能逐步达到我们的理想境界。如何更加科学、有效地通过劳动加速社会主义现代化建设，是摆在全国人民，特别是我们青年一代面前的严峻课题。正因如此，广大青少年要深学本领，为社会主义现代化建设勤勉劳动，为共产主义理想的早日实现贡献智慧和力量。

2. 尊重劳动人民

劳动人民是历史的创造者，是社会主义建设的主力军，是他们通过劳动创造了财富，推动了历史的发展，我们应牢牢树立尊重劳动人民的观念，在全社会树立尊重劳动、尊重劳动者的社会风尚，加深对劳动人民的理解，培养与劳动人民的亲密感情。尊重劳动人民，要树立全心全意为人民服务的思想，培养与劳动人民同甘共苦的思想感情。

现代著名作家赵树理，深入农村，与农民一起生活了十几年，虚心学习农民勤劳、善良、质朴的优秀品质，他就是怀着对农民群众的深厚感情，在深入体验生活的基础上写出了许多反映农村生活的著名中长篇小说。高级农艺师、共产党员周君敏，不恋上海的繁华，大学毕业后扎根胶东山区，一干就是近40年，她生活俭朴，工作勤恳，为农村的果林建设而忘我工作，为山区人民致富流尽了汗水，也赢得了人民的尊敬和爱戴。这些老前辈，在与工农相结合的道路上，在全心全意为人民服务的思想作风上，为我们树立了光辉的榜样。

尊重劳动者，要知道劳动分工不同，没有贵贱之分。劳动者为社会创造了产品和价值，为社会做出了贡献。在"劳动"面前，我们所有人都该心存敬畏，以"劳动"之名，劳动者应该拥有尊严、公平、梦想，以及出彩的人生。劳动者有尊严，人生才有幸福，国家社会才会健康有序，实现中国梦的根基才会更加牢固。党的二十大报告提出，支持和规范发展新就业形态。健全劳动法律法规，完善劳动关系协商协调机制，完善劳动者权益保障制度，加强灵活就业和新就业形态劳动者权益保障。

3. 珍惜劳动成果

人类的生存和发展离不开劳动，尊重劳动就是尊重劳动者自己。珍惜劳动成果是我国劳动人民的传统美德，我们不仅要继承和发扬它，还要世世代代传承下去。"一粥一饭当思来之不易，半丝半缕恒念物力维艰"，所谓"珍惜"，就是将有益于人民、有益于社会的劳动成果当作珍宝一样地爱护，我们日常生活中吃的、穿的、用的、住的都要靠劳动创造，每一项劳动都伴随着流汗水，付出一些精力，有的甚至需要牺牲生命。

对劳动的成果，要注意节俭使用，不能铺张浪费。勤俭节约是中华民族的光荣传统。中国共产党历来号召全党同志、全国人民勤俭办一切事业，对劳动成果用之得当，可以说是"勤俭节约"的一个重要方面。爱护公共财产已写进宪法，强调了它是每个公民应尽的义务。作为青年学生，应该做到从思想上重视，在行动上落实，从点滴入手，从小事做起，同一切破坏公共财物的行为做坚决的斗争。

4. 积极参加劳动，养成劳动习惯

良好的劳动习惯主要表现在热爱劳动，习惯于劳动，适应于劳动，自觉自愿地参加劳动，良好的劳动习惯不是与生俱来的，而是在长期的社会实践中逐渐养成的。青年学生在思想品德等方面可塑性很强，应加强修养和学习，在劳动习惯的培养和劳动观念的树立上也具有很强的可塑性，需要在各类实际劳动中加以磨炼和培养。

（1）端正劳动态度，作为青年学生，应努力树立正确的劳动观。干一行爱一行，立足和热爱本职工作。这样我们的心志可以得到磨炼，人格可以得到提升，可以更好地在工作中修身。劳动态度端正了，劳动积极性被调动起来了，劳动便会成为一种愉快的活动，它的经济效益和社会效益也会相应地提高。

（2）投身劳动实践，作为青年学生，应首先积极参加自己职责范围内的劳动和自我服务性质的劳动。苏联著名作家高尔基说："如果工作是痛苦的话，人生就是地狱。"只有在工作和事业中，你才能找到自身真正的归属与价值，只要你认同它，任何工作都会给你带来成就与充实。

（3）养成劳动习惯，劳动实践活动内容多样、形式灵活，不同的劳动内容通过不同的形式潜移默化地影响着青少年的人生观、价值观、世界观。作为青年学生，应在"全心全意为人民服务"思想的指导下，在"当人民老黄牛"的吃苦精神的鞭策下，积极主动地经常参加义务劳动，树立以辛勤劳动为荣、以好逸恶劳为耻的劳动价值观。

在新的历史时期，要始终高度重视提高劳动者素质，培养宏大的高素质劳动者大军，这是由我们的奋斗目标决定的，只有高度重视和不断提高劳动者素质，才能为"劳动托起中国梦"强本固基，提供充足的动力和重要保障。

小结： 劳动创造是一个不断发展进步的过程，在这个过程中，人是生产力的第一要素，在社会发展诸多要素中是决定因素。因此至关重要的是不断提高劳动素养。从劳动素养方面界定劳动教育，劳动教育是以提升劳动素养的方式促进全面发展的教育活动，良好的劳动素养包括确立正确的劳动观点、积极的劳动态度、热爱劳动和劳动人民、形成劳动习惯、有一定劳动知识与技能、有能力开展创造性劳动等。劳动素养集劳动价值观、劳动习惯与劳动知识与技能于一体。劳动者不仅勤于劳动，而且善于创造，用创造提升劳动的品质，在创造性劳动中实现梦想。这是中华民族最为鲜明的伟大品格，也因此谱写彪炳史册的奋斗诗篇，开辟民族复兴的光明前景。

本章小结

新时代是奋斗者的时代，行动支撑梦想，劳动开创未来。奋斗本身就是一种幸福，只有奋斗的人生才称得上幸福的人生，只有奋斗的民族才能走向复兴与辉煌，全面建成小康社会、实现中华民族伟大复兴的中国梦，要求我们必须建立和造就一支高素质的劳动者队伍，塑造出有时代特点的新型劳动者。

延伸阅读

致敬奋斗者——"尽我所能，敬我所不能"

2021年，《致敬奋斗者》栏目中，记录了无数奋斗者逐梦前行的身影，他们用浸透汗水的笑脸，用昼夜不歇的脚步，用历经风雨洗礼而愈发挺拔的肩膀，将奋斗精神融于工作和点滴日常；他们用奋斗者精神辛劳付出，用热爱和梦想躬身入局，用智慧与担当体现使命与价值，用出行和行动，印证温情与力量！他们策马奔腾，创造着属于自己的不平凡故事……

一半誓言，一半坚守，他们是科技进步的革新者。他们兢兢业业，为人民生活保驾护航，他们献身科研，以民族振兴为己任，他们呕心沥血，将大国重器掌握在自己手中，"干惊天动地事，做隐姓埋名人"。他们执着求索，只为让中国科学走得更远，发展更快。

一半勇往直前，一半小心翼翼，他们是抗疫抗洪的逆行英雄。他们以柔情呵护亿万患者的希望，千次挑战万次攻关，他们逆行出征与病毒较量，无所畏惧忘我付出；面对滔天洪水，他们以身体搭建一座座桥梁，与浊浪搏击不辞辛劳，他们以生命守护生命，他们在尽头处超越，在平凡中非凡。

一半挫败，一半热爱，他们是初心不变的匠心传承者。精于工，匠于心，品于行。匠心是奉献，是愿意用沉默的漫长岁月熬制自己的热爱；匠心是执念，是嘈杂的世界也干扰不了内心的安排；匠心是重复，是一种生活态度，也是有态度的生活。匠心，是不负光阴不负卿的永恒，更是一群坚守初心、发光发热的人。

一半希望，一半奔走，他们是传递温暖的公益人。他们为爱前行不知疲惫，他们因爱拼搏只争朝夕，为希望得以前进，为梦想照进现实；他们是星星炭火，给雪地中的行者最需要的温暖；他们是亮起的明灯，给暗夜行进的人们最渴望的光明；他们是流淌的清泉，给孤独无助的心灵带去幸福。

一半向外，一半向内，他们是一带一路上的守望之星。海纳百川，东西交汇。两千多年前，伴着驼铃叮咚舟楫纵横，古老的丝绸之路上，商贸互通文化共融，中国的茶叶、丝绸等因此举世闻名。两千多年后，新丝绸之路又出现了无数奋斗者的身影，他们将"中国制造"带出去，也将海外的声音带进来，他们，是将中国与世界相连的中坚力量，是穿越古今的追梦人。

他们，都是平凡而伟大的奋斗者，每一个奋斗者都是金种子。

素养提升

劳动最光荣　创造最伟大

人类社会发展的进程表明，劳动是促进人全面发展的重要手段。正如《先驱》杂志所言，共产党的骨子是劳动者，劳动者是将来社会的主人翁，将来社会上的人都应当是劳动者。在不同历史时期，中国共产党带领人民群众开展了特色鲜明的劳动实践，培育出"崇尚劳动、热爱劳动、辛勤劳动、诚实劳动"的劳动精神。

"隔行如隔山，职业不分贵贱，不要瞧不起任何一项技能。"代表中国获得世界技能大赛珠宝加工项目铜牌的胡凡说，"有些企业不认同技能人才，要和本科生、硕博生一样，改变技能工人的社会地位，打通个人晋升通道，让社会公众看到学习技能的好处。"

中国劳动关系学院劳动教育学院副院长曲霞认为："要通过劳动教育让孩子知道劳动不会过时。不是说机器取代了人，人就不用劳动了。未来，人要在更高的层次上劳动，人需要在劳动中创造新的东西。"

2018年4月30日，习近平总书记在给中国劳动关系学院劳模本科班学员的回信里，再次强调"劳动最光荣、劳动最崇高、劳动最伟大、劳动最美丽"。他指出，全社会都应该尊敬劳动模范、弘扬劳模精神，让诚实劳动、勤勉工作蔚然成风。我们的根扎在劳动人民之中，劳动是共产党人保持政治本色的重要途径，是共产党人保持政治肌体健康的重要手段，也是共产党人发扬优良作风、自觉抵御"四风"的重要保障。

早在建党初期，中国共产党就成立了中华全国总工会的前身——中国劳动组合书记部，通过了《八小时工作制》《罢工援助》《全国总工会组织原则》等重要决议案和《第一次全国劳动大会宣言》。早期党组织还通过创办劳动补习学校、工人俱乐部、组织工会活动等，唤醒工农群众的阶级意识和政治觉悟。

抗日战争时期，在军事和经济的双重压力下，中共中央提出"自己动手""丰衣足食"的号召，动员广大军民开展大生产运动。1941年春，八路军第三五九旅开进南泥湾实行军垦屯田，成为全军大生产运动的一面旗帜，使昔日荒凉的南泥湾变成了"陕北的好江南"。

新中国成立后，广大青年劳动者投身社会主义建设事业，用双手创造伟大的"人间奇迹"。1954年1月，北京建工胡耀林等18名团员青年，在北京展览馆工地举起全国第一面青年突击队旗帜。胡耀林青年突击队成立后，仅用11个月就完成了原定478个工日才能完成的施工任务，成为新中国建筑史上的一个奇迹。1962年的塞罕坝迎来127名毕业生，这群大学生和其他工人一起，吃黑莜面、喝冰雪水、住马架子、睡地窨子，顶风冒雪，垦荒植树，在"祖国最需要的地方"绽放最美的青春。

改革开放以后，在新科技革命形势下，生产劳动的内涵从简单的体力劳动延伸扩展到脑力劳动。邓小平同志指出："科学技术叫生产力，科技人员就是劳动者。""汉字激光照排之父"王选、"摘取数学皇冠上明珠的人"陈景润等科技工作者成为人们争相追随的劳动榜样。

中国特色社会主义进入新时代，实现中华民族伟大复兴的中国梦，要靠各行各业人们的辛勤劳动。习近平总书记在知识分子、劳动模范、青年代表座谈会上勉励广大劳动者，党和国家事业空间很大，只要有志气有闯劲，普通劳动者也可以在宽广舞台上展示自己的人生价值。

CHAPTER 2

第二章

劳动精神

"劳动创造幸福,实干成就伟业。"习近平总书记强调,"希望广大劳动群众大力弘扬劳模精神、劳动精神、工匠精神,勤于创造、勇于奋斗,更好发挥主力军作用,满怀信心投身全面建设社会主义现代化国家、实现中华民族伟大复兴中国梦的伟大事业。"

案例导入

从 2015 年底习近平总书记吹响打赢脱贫攻坚战的号角，到 2020 年底全国脱贫攻坚战取得了全面胜利，现行标准下 9 899 万农村贫困人口全部脱贫，832 个贫困县全部摘帽，12.8 万个贫困村全部出列，区域性整体贫困得到解决。

在户撒乡朗光村，有这样一群人，他们曾经有一个共同的名字叫建档立卡户。他们的家庭因为各种原因，生活较为困难。经过政策帮扶措施对他们进行精准识别、精准帮扶，依靠政策的帮扶和自身的勤劳奋斗，如今，他们对推进乡村振兴实现共同富裕目标底气十足充满信心。

民生在勤，勤则不匮。

习近平总书记指出："在我们社会主义国家，一切劳动，无论是体力劳动还是脑力劳动，都值得尊重和鼓励；一切创造，无论是个人创造还是集体创造，也都值得尊重和鼓励。"在长期实践中，我们培育形成的崇尚劳动、热爱劳动、辛勤劳动、诚实劳动的劳动精神，丰富了民族精神和时代精神的内涵，成为中国共产党人精神谱系的重要组成部分。社会主义是干出来的，新时代是奋斗出来的，人民的幸福生活是靠一点一滴创造得来的；只要踏实劳动、勤勉劳动，在平凡岗位上也能干出不平凡的业绩。前进道路上，无论时代条件如何变化，我们始终都要崇尚劳动、尊重劳动者，都要发扬光大劳动精神。

资料来源：大力弘扬劳动精神，勤于创造勇于奋斗——巩固拓展脱贫攻坚成果朗光村典型案例. 云南网，2021-12-13.

第一节　劳动精神的来源

劳动精神是每一位劳动者为创造美好生活而在劳动过程秉持的劳动态度、劳动理念及其展现出的劳动精神风貌。党的十八大以来，习近平总书记关于劳动和劳动精神的系列重要讲话是我们正确理解劳动精神的重要依据，也是大力弘扬劳动精神的重要参考。党的二十大报告提出，"在全社会弘扬劳动精神、奋斗精神、奉献精神、创造精神、勤俭节约精神，培育时代新风新貌。""使人人都有通过勤奋劳动实现自身发展的机会。""我们要在全社会大力弘扬劳动精神，提倡通过诚实劳动来实现人生的梦想、改变自己的命运。"

习近平总书记关于劳动和劳动精神的思想为我们正确认识劳动精神的科学内涵指明了方向。全社会都要贯彻尊重劳动、尊重知识、尊重人才、尊重创造的重大方针，维护和发展劳动者的利益，保障劳动者的权利。要坚持社会公平正义，排除阻碍劳动者参与发展、分享发展成果的障碍，努力让劳动者实现体面劳动、全面发展。全社会都要热爱劳动，以辛勤劳动为荣，以好逸恶劳为耻。

一、我国劳动精神的形成与发展

花开满树红，劳动最光荣。讴歌劳动、鼓励创造，是中华民族生生不息、不断进步的历史基因。在漫长的历史进程中，中华民族不仅创造了光辉灿烂、享誉世界的中华文明，也塑造了独特的劳动精神品格，形成了崇尚劳动、吃苦耐劳的优秀传统美德。中国特色的农事节气、各具特色的宅院村落、巧夺天工的农业景观、耕读传家的祖传家训等，无不彰显着中华民族传统中的勤劳智慧和精神追求。劳动造就了中华民族，创造了中华民族的光辉历史，也必将开创中华民族的光明未来。

1. 勤俭、奋斗是中华民族漫长历史的精神倡导

勤俭、奋斗是具有鲜明中华民族传统美德特征的劳动精神。《说文解字》释："勤，劳也。"这说明，"勤"与"劳"的意思是相通的，甚至可以说，"勤"的主体意义就是"劳"。中华文明是世界上最古老、最悠久的文明，中华民族作为中华文明的载体，之所以能够生生不息、历久弥新，就是因为具有勤劳节俭、艰苦奋斗的品质。因此，在历史上，中华民族不仅以"礼仪之邦"享誉世界，也因为她的勤劳勇敢、自强不息的奋斗精神而闻名遐迩。

《说文解字》释："俭，约也。"段玉裁注："约者，缠束也。俭者，不敢放侈之意。"可见，俭即俭约、不奢侈放纵的意思。《尚书》中把"克勤于邦，克俭于家"联系起来阐述，说明古人很早就意识到勤劳与俭约之间具有一种天然联系。勤劳之人大多生活俭约。只有亲身经历过体力劳动的人，切身体会过烈日炎炎下"面朝黄土背朝天"的艰难，才会珍惜来之不易的劳动成果。他们在读到"锄禾日当午，汗滴禾下土，谁知盘中餐，粒粒皆辛苦？"的诗句时才会产生深刻共鸣，自然就会崇尚俭朴、有节制的生活方式。这就是"习劳知感恩"的道理。在家庭教育中，如果父母不重视对儿女的劳动教育，结果必然是孩子不懂得感恩、惜福，视父母的付出为天经地义、理所当然，久而久之，坐享其成、不劳而获等品行自然就会养成，不利于其成长和发展。《政要论》中说："历观有国有家，其得之也，莫不阶于俭约；其失之也，莫不由于奢侈。"

中国古人的童蒙养正教育特别重视对孩子的劳动教育。《弟子规》的"不力行，但学文，长浮华，成何人"，孔子的"力行近乎仁"，陆游的"纸上得来终觉浅，绝知此事要躬行"，王阳明的"知行合一"等，强调的都是书本教育要与劳动实践相结合，这样才能避免培养出的学生只会夸夸其谈，纸上谈兵，而缺少生活能力、动手能力，以及吃苦耐劳、艰苦奋斗的精神。

2. 古代劳动人民的劳动实践创造了对劳动美好的精神向往

古代劳动人民通过辛勤的劳动创造了美好的生活。宋代诗人范成大在《四时田园

杂兴》中写道："昼出耘田夜绩麻，村庄儿女各当家。童孙未解供耕织，也傍桑阴学种瓜。"写的是初夏时节，农村里男男女女，白天种地，晚上搓麻。年幼的孩童，不懂耕织，却有样学样，学着大人种瓜，描绘了劳动人民辛勤劳动的情境。宋代诗人翁卷写道："绿遍山原白满川，子规声里雨如烟。乡村四月闲人少，才了蚕桑又插田。"这首《乡村四月》语言明快，格调轻松，形象鲜明，把自然之美和劳动之美和谐地统一在画面中，展现了劳动人民对于美好生活的向往和探索劳动的乐趣。唐代诗人李绅在《悯农》中写道："锄禾日当午，汗滴禾下土，谁知盘中餐，粒粒皆辛苦？"融洽地将珍惜食物与辛勤劳动结合起来，警示人们要养成勤俭节约的美德。古代劳动人民有从事生产和生活的经验，如贾思勰的《齐民要术》、宋应星的《天工开物》等都有记载；会对已有的技术进行创新，如唐朝曲辕犁等；还会充分发扬勤劳勇敢的精神，建设使老百姓受益的工程，如都江堰等。

3. 中国共产党是中华民族劳动精神的弘扬者和继承者

中国共产党在各个时期，都在强调劳动的重要性，并且对劳动精神的能动作用很重视，大力倡导和践行自力更生、艰苦奋斗的精神，使劳动精神得到广泛传播。早在革命战争时期，中国共产党始终将劳动教育与中国革命斗争实际相结合，注重以劳动教育唤醒民众革命意识，为革命提供物质保障，实现了革命、生产、教育的相互融合促进，形成了艰苦奋斗、不怕牺牲的劳动精神和作风。当时，党就提出劳动是"世界上第一桩神圣事业""没有劳动，就没有现在的社会""尊重劳动""无工无食"等口号；社会主义是"劳动问题的根本解决方法"，"实行社会主义，是我们劳工的责任"；劳动者要醒悟，要团结起来，向资本家争取"人的生活"，进而实现劳动阶级的彻底解放。延安时期，以八路军第三五九旅为代表的抗日军民在南泥湾大生产运动中一边练兵，一边开垦荒田，发扬"自力更生、艰苦奋斗"的革命精神，在短短的三年内将荆棘遍野、荒无人烟的南泥湾变成了"到处是庄稼，遍地是牛羊"的陕北好江南，创造了"南泥湾精神"等宝贵的劳动精神。中华人民共和国成立以来，"铁人"王进喜、"两弹元勋"邓稼先、"宁肯一人脏、换来万家净"的时传祥、"杂交水稻之父"袁隆平等一大批劳动模范和先进工作者，谱写了社会主义现代化建设中劳动精神发展的新篇章。在中国共产党的领导下，伟大的劳动精神迸发出巨大的力量，千千万万的劳动者怀着建设新中国的巨大热情，投入了祖国的建设事业，各行各业涌现出了大量的优秀劳动者和建设者，在科技落后的特殊时期，充分发扬了劳动者伟大的梦想精神、团结精神、奋斗精神和创造精神，如大庆精神、雷锋精神、大寨精神、两弹一星精神等，进一步丰富了劳动精神的内涵。中华民族在不同历史时期形成的优秀劳动文化，是习近平总书记关于劳动教育的重要论述的深厚历史基础和源头活水，也是新时代劳动教育需要不断坚守并大力弘扬的宝贵精神财富。

只要有志气、有闯劲，普通的劳动者也可以实现自己的人生价值，许多劳动模范平凡而感人的事迹就充分地说明了这一点，像"蓝领专家"孔祥瑞、"金牌工人"窦铁成、"新时期铁人"王启明、"新时代雷锋"徐虎、"知识工人"邓建军、"马班邮路上的信使"王顺友、"白衣圣人"吴登云、"中国航空发动机之父"吴大观等一大批劳动模范和先进工作者，带动人们锐意进取，积极投身于改革开放和社会主义现代化建设中，为国家的发展贡献了极大的力量，他们所创造的伟大劳动精神，是我们极为宝贵的精神财富。

二、劳动精神的内涵及时代要求

1. 劳动精神的内涵

劳动精神是每一位平凡的劳动者为创造更好的生活，在劳动过程中秉持的劳动态度、劳动理念和劳动风貌。劳动精神也是全体普通的劳动者们共同的精神财富，是对广大劳动者劳动实践的高度肯定和科学总结，也是人类为了自身的幸福而不断努力奋斗的实践结果。人民创造历史，劳动开创未来，劳动是推动人类社会进步的根本力量。"劳动创造了人本身""劳动是唯一价值源泉""劳动创造财富、劳动使人幸福"等思想，已慢慢成为劳动者的精神力量，正是每一个时代的劳动者的共同努力，书写了人类家园，创造了人类的辉煌历史。

劳动精神在理念认知上表现为全社会崇尚劳动、尊重劳动、热爱劳动，在行为实践上表现为劳动者诚实劳动、辛勤劳动、创造性劳动，这两部分构成了劳动精神内涵的整体。

崇尚劳动是指对劳动的态度，认为劳动价值有大小，劳动分工无贵贱，劳动最伟大、劳动最光荣、劳动最美丽、劳动最崇高；尊重劳动是指对劳动的认识，将劳动作为人类的基本活动，作为创造财富和获得幸福的源泉，尊重一切对人民有益、为社会造福的劳动者和劳动价值；热爱劳动是指对劳动的情感，焕发劳动热情，积极投身于劳动中，对劳动成果要珍惜，将劳动与实现自身价值这两者紧密结合起来。崇尚劳动、尊重劳动、热爱劳动这三个层面包含了对劳动的感性把握、理性认知和内在情感，体现了一个由表及里、逐步内化的过程。

诚实劳动是指脚踏实地、恪尽职守，遵守法律法规和政策，遵循职业道德规范和工作标准，实事求是地认识和对待劳动过程和劳动成果，是辛勤劳动的升华，也是创造性劳动的前提；辛勤劳动是指勤奋敬业、埋头苦干，是对劳动者的基本要求，是诚实劳动、创造性劳动的基础和保障；创造性劳动是指敢闯敢试、开拓创新，体现了体力劳动和脑力劳动、简单劳动和复杂劳动的结合，是辛勤劳动、诚实劳动的发展。三者相互联系，不可分开。

2. 新时代的劳动精神

马克思主义劳动观认为，劳动是人的根本属性，劳动创造了人这个概念，人在劳动的过程中生产满足人类物质需求和精神需求的产品，极大地丰富了人类的物质生活和精神生活，改造了人的主观世界，使劳动现实化。通过劳动价值论的指引，在中国特色社会主义的具体实践探索下，最终形成了中国特色社会主义劳动精神，它引领了广大人民群众在中国特色社会主义道路的建设过程中竭力前行，开拓出了新时代中国特色社会主义道路。

改革开放以来，党领导人民在继承和弘扬伟大劳动精神的基础上，赋予了劳动精神新的时代内涵。改革开放进程中涌现出大批的时代楷模和榜样群体，他们在平凡的岗位上做出了不平凡的事迹，都生动地展示着属于新时代的劳动精神。勇担民族复兴大任的"天眼巨匠"南仁东，用生命叩响"地球之门"、让中国进入"深地时代"的战略科学家黄大年，"雕刻火药的大国工匠"徐立平，对党忠诚、心系群众、忘我工作、无私奉献的优秀县委书记廖俊波，在悬崖绝壁上书写精彩传奇的"当代愚公"黄大发，爱生如子、甘做学生成长引路人的高校思想政治理论课教师曲建武，这些都是新时代劳动精神的楷模。他们在各自的岗位上心怀大我、至诚报国，书写了当代中国最美的时代华章。郭明义、沈浩、杨善洲、张丽莉、吴斌、高铁成……一个又一个"最美教师""最美司机""最美护士"等在中国大地上接连涌现，他们用爱心和善行，用坚守和执着，在危急时刻做出英雄壮举，在生死关头展现人间大爱，彰显出当代中国劳动者的风采，他们淡泊名利、爱岗敬业、甘于奉献的劳动品格，他们积极探索、求真务实、勇于创造的劳动精神，他们艰苦奋斗、自强不息、顽强拼搏的劳动态度，都是在改革开放的伟大实践中，中国劳动人民所展现出来的高尚精神品格和崭新精神风貌，是建设新时代中国特色社会主义、实现伟大中国梦的强大精神动力。

（1）爱岗敬业、甘于奉献的劳动精神。爱岗敬业是社会主义核心价值观的重要内容，奉献是社会主义道德的鲜明特征。我们作为新时代的劳动者，首先要做到的就是坚守自己的岗位，服务好他人，服务好社会。在2020年抗击新冠肺炎疫情的过程中，广大医疗健康工作者勇于担当，深入疫情防控一线救治患者，有效遏制疫情蔓延，守护了广大人民群众的身体健康和生命安全。他们是最美劳动者，也是最美逆行者，他们中既有国士无双的钟南山、李兰娟院士冒着高龄容易被感染的风险深入病房一线，也有渐冻症院长张定宇的温暖坚守，还有快递小哥、外卖小哥、医疗垃圾转运处理工等无数普通劳动者默默坚守岗位，这些可爱的劳动者身上体现了中国劳动者的担当精神和奉献精神。

（2）自力更生、艰苦奋斗的劳动精神。例如，革命战争年代，开垦陕北好江南的"南泥湾精神"，革命先辈爬雪山、过草地的"长征精神"等；新中国建设初期，战天斗地改造自然的"红旗渠精神"，宁可少活二十年，拼命也要拿下大油田的"大庆精神"等；还有在新中国一穷二白的情况下，大批海外学子心怀殷殷报国心，以华罗庚、钱学森、朱光亚等为代表的海外求学的专家学者们克服一切艰难险阻，纷纷归国效力，为新中国科学技术的发展做出了重要贡献。到1957年，归国的海外学者已经达到3 000多人，占新中国成立前全部海外留学生和学者的半数以上，他们中大多数人成为新中国各个领域中的奠基人或开拓者，在那个激情燃烧的年代，带领着全国为数不多的科研人员在极为艰难的条件下自力更生、艰苦奋斗，创造了一系列举世瞩目的科学奇迹，更给后人留下了珍贵的精神财富。

榜样故事

1923年王进喜出生在甘肃省玉门县，此时的国家处于动乱阶段。新中国成立后，国家开始进行资源建设，石油作为工业发展的重要因素，我国进行了大规模的油田勘探，力图摘掉石油"贫困户"的帽子。

1938年王进喜便加入了石油勘探队，此时的王进喜年仅15岁。1949年新中国成立后王进喜进入玉门石油管理局工作，年富力强、经验丰富的他担任了勘探队的队长。

大庆油田的现世震惊全国，很快王进喜领导的石油队奉命赶往大庆油田进行石油开发。艰苦的环境让队员无比紧张，没有公路、电，简单的生活设施都没有。当钻井需要的设备来临时，他们又遇到了新的问题。

几十吨重的设备无法从车上卸下来，这里根本就没有大型的起重机。王进喜振臂高呼：推也要推到井场！于是王进喜带领队员花费了整整三天的时间，用滚木一点一点地将几十吨重的钻机运到了井场。

钻机到了现场，钻井队可以开始开采石油了。王进喜带领队员仅仅用了五天的时间便打通了第一口石油井，速度让人震惊。之后的几个月内王进喜带领的两支开采队创下了20万米的开采纪录。

开采过程是无比艰辛的，井喷是常有的事情。一次开采过程中发生了严重的井喷，可现场已经没有了可以压制井喷用的重晶粉，无奈之下只好用水泥代替。倒下去的水泥难以搅拌，腿部受伤的王进喜义无反顾地跳进水泥坑，用自己的身体进行搅拌。

井喷在众人的努力下终于被压制住了，此时的王进喜和开采队员，全身沾满了泥浆。队员一句：队长你真是铁人呀！简单的一句玩笑话，迅速传扬开来，铁人王进喜的名声也被社会所得知。

大庆精神、铁人精神是社会主义建设时期的重要精神，凝结了无数奋斗之人的意志。新的时代征程，万万不可将铁人精神抛之脑后，继承、弘扬铁人精神，肩负起伟大复兴的重任。

让铁人精神成为高质量发展的重要动力，成为实现中国梦的精神力量。各民族团结一致，弘扬、继承无私奉献、不畏艰辛的铁人精神，激发人们内心深处的强大力量。

（3）敢于创业、勇于创新的劳动精神。在这个飞速发展的时代，在全球化激烈的竞争中，我们作为青年劳动者，除了吃苦耐劳外，更需要敢于创业、勇于创新，在军事、科技及服务社会方面站在前头，做强国富民的青年劳动者。在纪念五四运动100周年的大会上，习近平总书记褒奖了当代杰出青年，他们之中有航天报国的嫦娥团队、神舟团队和展示中国硬核实力的北斗团队。经过改革开放40多年的发展，新中国涌现出了很多优秀的企业家，他们尽情释放自己的才能并发挥创造力，成为创新活动的实践者，社会财富的创造者，在市场经济中发挥了极其重要的作用，那么在当今这个经济高速发展的时代背景下，振兴实体经济、转变经济结构，我们更加需要富有企业家精神的创新创业者们。

榜样故事

听老教授讲述交大西迁的故事

2月3日，中共中央、国务院举行2019年春节团拜会，习近平总书记在会上发表重要讲话时强调，我们要在全社会大力弘扬家国情怀，培育和践行社会主义核心价值观，弘扬爱国主义、集体主义、社会主义精神，提倡爱家爱国相统一，让每个人、每个家庭都为中华民族大家庭作出贡献。

"没有国家繁荣发展，就没有家庭幸福美满。哪里有事业，哪里有爱，哪里就是家。"91岁的西安交通大学老教授史维祥和夫人——88岁的蔡祖端副教授在家中接受了记者的采访。史维祥表示，中国的知识分子历来以民族大义为念，以家国天下为重，将个人志向建筑在为国家、为人民有益的事业当中。63年前，基于当时国内外形势特别是社会主义建设布局的需要，党中央、国务院决定交通大学内迁西安。老一辈交大人积极响应国家号召，圆满完成迁校使命，不仅在西部地区再建了一所现代化多学科综合性著名大学，更铸就了"胸怀大局，无私奉献，弘扬传统，艰苦创业"的西迁精神。新春佳节，万家团圆，正是千家万户代际相融、凝聚共识、继往开来的美好时节。新时代的知识分子一定要深刻领会习近平总书记的重要讲话精神，要自觉把个人的前途命运与国家和民族的前途命运紧密联系起来，把实现个人梦、家庭梦融入国家梦、民族梦之中，不断地从家国情怀中汲取民族复兴的力量，继续投身伟大事业，始终与国家共命运，与时代共融合，与人民共奋斗，要接好爱国、奋斗的"接力棒"，在祖国最需要的地方建功立业，在爱国奋斗中实现个人价值，用辛勤劳动创造中国人民的美好生活、创造中华民族的美好未来。

西安交通大学原校长史维祥教授是我国著名液压传动及控制专家，他1952年毕业于交通大学，毕业后留校任教，1954年任交通大学机械系第一任党总支书记。1960年从苏联加里宁工学院攻读副博士学位学成归国，放弃回上海工作的机会，毅然服从祖国需要，来到西安交通大学机械工程系任教，兼任机械系党总支副书记、系主任等职。从此，史维祥教授便扎根于黄土高原，本着"诚实、宽厚、勤奋、进取"的信念，将自己的青春无怨无悔地投入到中国教育、科研、高校管理等各项事业之中，专著丰硕，桃李满园。

"交大西迁是中国知识分子科技报国、家国情怀的生动体现。"史维祥教授说，63年前，党中央发出了"向科学进军"的号召。根据中央的西迁指令，交通大学从上海迁到西安。周恩来总理亲自领导交大西迁，全校师生员工积极响应，思想高度统一，迁校工作十分顺利。几千名师生在《歌唱祖国》的歌声中，手持印有"向科学进军，建设大西北"的专用火车票，乘坐"交大支援大西北专列"由上海迁往西安，开启了扎根黄土地的生活。"尽管条件艰苦，但在那个热气腾腾的年代，为建设祖国出一份力，是当时所有年轻人心目中的至高理想。"

史维祥教授说，交大西迁是党中央从当时的国际、国内形势，全国的工业及教育事业合理布局出发而做出的一项重大战略决策。当时上海等地沿海形势紧张，战备紧急，不安全。另外，我国的工业及高校主要集中在北京、上海等大城市，布局不合理，所以交大内迁就是根据西北工业基地建设要求和离开国防前线的条件下提出来的。当时，周恩来总理在主持解决交大迁校的问题时就明确指出："在1956年以前不能不照顾到两点：国际形势及对旧的弱点的注意，那是方针。工业布局是放在内地，沿海紧缩，工业内迁，交大内迁就是根据西北工业基地建设的要求，和离开国防前线的条件下提出来的。"以后我们更清楚地认识到，广大西北地区经济等得不到很好发展，全国经济亦难得到发展；为发展经济及文化等建设，在西北地区部署一所高水平的工业大学是很必要的。所以党中央国务院当时高瞻远瞩，做出交大西迁的部署。

史维祥教授回忆，交大内迁西安是在1955年4月由中央正式决定的。7月份高等教育部正式下发通知给学校称："经我部研究并经国务院批准，决定你校自1956年开始内迁西安，并提前于1955年开始进行基本建设工程。"交大全体师生雷厉风行，及时行动，校党委和校务委员会4月9日就开会讨论中央决定，公布了《关于迁校问题的决议》。1955年4月14日，任梦林总务长和王则茂科长等即赴西安察看及选择校址。5月，彭康校长和朱物华、程孝刚、周志宏、钟兆琳、朱麟五等几位最有影响力的老教授、系主任奔赴西安进一步察看校址，决定校址选在和平门外东南近郊的一片麦地里。这里是唐代都城长安兴庆宫遗址，占地约84公顷。1955年10月26日，基建破土动工。1956年7月，张鸿副教务长率首批教职工和家属迁往西安，8月10日苏庄副校长又率领上千名师生员工乘火车开往西安，一年级新生则直接到西安报到。首批西迁的老师主要是任教基础课和部分技术基础课的。

当年9月10日，交大在西安人民大厦礼堂举行隆重的开学典礼，此时学生有3906人，教职工815人，家属1200多人。一所6000多人的交通大学在古城西安就这样出现了。从4月到8月，200节车皮的仪器设备，400节车皮的行李家具，陆续运往西安，平均每天有150吨资产到达西安。

"党让我们去哪里，我们背上行囊就去哪里。"史维祥教授告诉记者，"中国电机之父"、钱学森的老师钟兆琳先生迁校时已经50多岁了，周恩来总理考虑到钟先生年事已高，建议他就不必去西安了，但钟兆琳先生克服困难，毅然随校西迁。钟兆琳先生经常说，不把西北开发建设起来，中国就没有真正的繁荣昌盛，支援西北是每个教师应有的责任，一定要克服困难负起责任来。"老一辈知识分子始终与党和国家的发展同心同向。这样的故事还有许多许多，他们的精神始终激励和引领着一代代交大人扎根西部，艰苦创业，为建设大西北发挥了义不容辞的先锋作用。"

交大老一代教职工们自愿放弃上海优越的生活和工作条件，有人还处理掉上海的"小洋楼"，携儿带女，义无反顾，只身或举家迁来西安。钟兆琳、陈大燮、张鸿三位老教授克服个人困难，带头西迁众人皆知。周惠久院士在上海交大工作时，还在一家工厂兼任总工程师，在上海及苏南有家产，夫人还是上海某医院的医生。当他听到中央决定交大要西迁，毫不犹豫地举家来西安，开始了数十年的艰苦创业工作。此外还有陈学俊、殷大钧、赵富鑫、吴之凤、黄席椿、严晙、沈尚贤等一批著名老教授，亦卖掉在上海的房产，或克服家庭困难，携家西迁。当时组织上对老教职工是比较照顾的，本人或家庭确有困难是可以留沪的，因此来西安的一大批老教授们是响应国家召唤，主动要求西迁的。现在再回头去看看当时陈大燮、张鸿、陈学俊、黄席椿等老教授关于迁校的讲话和表态，还十分感人。这就是一代老知识分子的人生境界和崇高追求。

西迁63年来，交通大学这棵大树已在西北深深地扎下根来，在一代代交大人的奋斗中，枝繁叶茂，硕果累累。西安交大培养了26万名毕业生，其中40%留在西部地区奋斗，成长为各个行业的中坚力量，培养的34位两院院士中，有近一半留在西部工作。陶文铨院士师承陈大燮、杨世铭等西迁老教授，先后获8项国家三大奖。郭烈锦院士是西迁教授陈学俊院士的学生，目前已是我国能源动力多相流及氢能学科的主要学术带头人之一。2017年9月，西安交大入选国家一流大学A类建设名单，8个学科入选一流学科建设名单。正在建设中的"中国西部科技创新港"，将在未来打造全新的人才培养、科学研究和社会服务体系。如今的西安交大，不仅是重要的人才库、智力库，更是西部地区位居前列的科教高地。

资料来源：陆航. 听老教授讲述交大西迁的故事. 中国社会科学网，2019-02-05.

小结： 劳动精神是中华民族优秀传统文化的赓续传承，劳动精神自古以来就流淌在中华民族的血脉之中。盘古开天成就天地方圆，大禹治水开启华夏文明；一部《诗经》礼赞劳动人民，"四大发明"凝聚劳动者的智慧。博大精深、辉煌灿烂的中华文明是生生不息的中华民族以辛勤劳动创造的。无论是回望历史，还是展望未来，劳动精神始终是中华民族顽强奋进、自强不息的强大精神动力。

第二节　劳动精神的时代价值

新时代劳动精神是激励全党全国各族人民在现实中奋勇前进的强大力量，"功崇惟志，业广惟勤"，一砖一瓦才能砌成中国特色社会主义事业大厦，一点一滴才能创造人民美好幸福的生活，劳动精神的时代价值可以从以下三个方面来理解。

一、从理论层面诠释劳动精神在当代社会的价值体现

新时代劳动精神继承并发展了马克思主义劳动观，是习近平新时代中国特色社会主义思想的重要组成部分。尊重劳动、崇尚劳动、重视劳动是中国特色社会主义现代化国家道德文化的一种彰显。从哲学的角度来讲，人类与社会的所有创造都离不开劳动，劳动是推动人类社会进步的根本力量；从经济学视角来讲，一切劳动都是财富和幸福的源泉；从伦理学视角来讲，劳动是人类共同创造幸福生活和美好未来的精神信仰；从政治学视角来讲，劳动是中国共产党人自觉抵御"四风"、发扬优良作风的有力保障，也是保持政治本色和政治肌体健康的必要方式和手段；从美学的视角来讲，劳

动是实现个人自我的过程，人类因劳动而美丽、因劳动而幸福，劳动模范成为劳动群众对劳动美学最生动的展现，劳动幸福成为个体的最高幸福形态。

二、从社会价值层面彰显劳动精神的意义所在

新时代的劳动精神是我国全面建成小康社会，实现"两个一百年"奋斗目标的社会文化价值导向。社会文化价值是社会大多数人长期信奉和践行的价值观，是一种需要发扬光大、具有稳定存续特性的文化传统，影响着整个社会的氛围和精神状态。

新时代劳动精神有力地证明了社会主义文化价值的正义性和合理性，"撸起袖子加油干"的口号是中国特色社会主义新时代为人们实现美好生活提供的最根本价值导向和价值依据，是新时代人们获得劳动幸福与追求美好生活的价值统一。劳动作为人的精神所在而具有价值，作为人的最基本的权利而被赋予价值，作为获得幸福的必要途径而体现价值。马克思指出："'劳动的绝对自由'是劳动居民幸福的最好条件。"[①] 按照马克思的理论逻辑，劳动精神正是人类追求自由、追求全面发展的必备核心价值和精神品质，凸显了以劳动为根本的观念导向和行为取向，表现为个体和社会共同遵循的道德公约和价值兼容。因而，新时代的劳动精神，是新时代中国特色社会主义对劳动幸福的美德表达和完美诠释，从而构建了以劳动精神为时代价值追求的文化自信。

新时代劳动精神大力弘扬社会主义核心价值观。新时代劳动精神是对广大劳动者劳动实践的高度总结，是新时代的精神需求。劳动精神与工匠精神、劳模精神相互依存、相互包容，积极弘扬新时代劳动精神是践行社会主义核心价值观的应有之举。工匠精神体现了劳动者钻研技能、精益求精的职业精神，以"爱岗敬业、争创一流、艰苦奋斗、勇于创新、淡泊名利、甘于奉献"为核心的劳模精神是劳动精神的生动再现，是对新时代劳动精神的进一步升华。

弘扬劳动精神对于彰显工人阶级伟大品格、发挥工人阶级先进性、推动工人阶级成长进步、塑造"尊重劳动、热爱劳动、崇尚劳动"的社会文化风气具有重要的理论价值和实践意义，能够激发劳动者的劳动热情，鼓励劳动者积极投身于中国特色社会主义建设的伟大事业中去，使劳动成为实现中华民族伟大复兴中国梦的精神保障。

三、从个人发展层面弘扬劳动光荣的生存方式

在马克思主义精神指导下，广大劳动者根植于这片中国特色社会主义实践沃土上，继承中华民族优秀传统文化，形成了中国特色社会主义劳动精神，新时代劳动精神呈

---

① 马克思，恩格斯. 马克思恩格斯全集：第16卷. 北京：人民出版社，1964：491.

现出了劳动创造的实践创新性、尊重劳动的价值导向性、劳动光荣的精神幸福性，是全社会对新时代劳动精神的实践礼赞。

在具体的社会生活中，弘扬创造性劳动精神就是指弘扬开拓创新、敢闯敢试、鼓励首创的精神，这种敢为人先、敢试敢闯的精神是新时代劳动精神中最具有新时代特色的精神，体现了体力劳动和脑力劳动的结合，是辛勤劳动、诚实劳动的发展，也是人的创造力的体现。

全体劳动人民都是历史的参与者、见证者和创造者。伟大的劳动精神来自伟大的劳动人民。党的十九大报告指出，人民是历史的创造者，是决定党和国家前途命运的根本力量。劳动人民是国家的主人，人民群众中蕴藏着无尽的智慧和力量，劳动人民既是历史的创造者，也是劳动精神的创造者，更是新时代劳动精神的开拓者。对历史发展和社会进步做出杰出贡献的劳动人民最崇高，新时代劳动者是全面建成小康社会、坚持和发展新时代中国特色社会主义的主力军，同时也是劳动精神的忠诚继承者和坚定发扬者。习近平总书记多次强调："人民是历史的创造者，是推动我国经济社会发展的基本力量和基本依靠。"新时代劳动精神始终以人民为中心，一切为了人民过上美好生活，一切依靠劳动人民创造历史伟业。国家建设是全体人民共同的事业，国家发展过程也是全体人民共享成果的劳动过程。劳动人民对美好生活的需要是推动社会历史不断前进的根本动力，新时代劳动精神的根本出发点和落脚点在于实现好、维护好、发展好广大普通劳动者的根本利益，实现共建与共享的和谐统一。

榜样故事

炉火纯青的"大国工匠"——李凯军

1970年，李凯军出生在长春市一个普通的五口之家。记忆里，父亲常年加班，母亲勤劳持家。1986年，懵懂的李凯军刚刚参加完中考，面临着人生第一次选择：读高中，还是上技校？以他当年的成绩，完全可以上重点高中。但父亲的突然离世却给了他"当头一棒"。哥哥姐姐都在念书，家里只能靠母亲的微薄收入支撑。李凯军毫不犹豫报考了中国一汽集团技工学校，并以第4名的高分进入学校的维修钳工班。

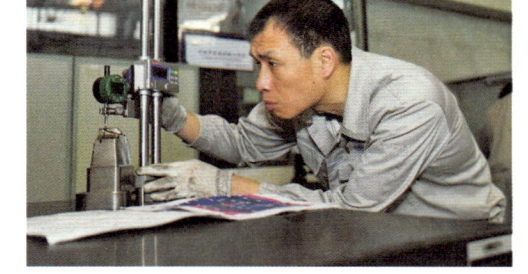

1989年，李凯军光荣地成为千千万万名中国产业工人队伍中的一员，他一头钻进了钳工世界，日复一日认真地一锉，一削，

一磨，一抛，一晃30来年。李凯军在生产操作和产品创新创造也深耕了30来年，靠勤学苦练他的"手艺活"让世界叫绝。

　　一提到工人，或许很多人脑海里都有相似的画像：头戴头盔、满脸汗渍、双手漆黑、不善言辞……李凯军还真不是这样，他个子高大，皮肤白净，工装整洁，而且绝对能"侃"，经典的东北式幽默外加几句古人的"经典语录"。其实，李凯军所学的钳工维修专业与模具制造并不对口，但生性要强的他不气馁，"大不了重新学起呗，不是事儿。"对于这个职业，李凯军的责任多于热爱。正是这种责任感、好奇心、不服气、敏锐性、钻研性成就了一位名副其实的"大国工匠"。"精勤不倦，果毅力行"。这不学不打紧，一学就一发不可收拾。李凯军自费购买大量专业书籍，还自学了车、铣、磨、电焊等其他工种的加工技能，以及三维设计软件的使用方法。他甚至挤出时间报名参加了自考本科，成功拿下两个专业的学历。

　　"钳工这门工作，可不是敲敲打打那么简单。"李凯军说，制作模具，钳工就是一个指挥官，要参与从前期设计到最后拼装的所有流程，"是需要动脑筋的。"李凯军爱琢磨，像一颗铆足了劲的"螺丝钉"，但凡碰到棘手活儿，就算绞尽脑汁也要想办法解决，他潜心手工艺革新，创新先进操作法，既省时省力，又提高了加工产品的质量。

　　"夫匠者，手巧也"。任凭岁月更迭，匠人追求雕琢永恒精品的心丝毫没有改变，李凯军这双厚重结实的大手，究竟有多巧？功夫不负有心人，追求完美事竟成。2000年，李凯军代表中国一汽集团赴无锡市参加技术交流展示活动，前后16个小时，他精雕细刻，愣是把一个圆球用纯手工的方法锉削成了正12面体，此时，李凯军不是钳工而是一名雕塑师。这样的产品，即使用机械设备加工都相当困难。正是李凯军多年的细磨基本功，成就了他"人刀一体"的非凡本领。眼前的这件"艺术品"、精品，尺寸精度达到了0.01毫米，相当于头发丝直径的六分之一，每个面都光亮得如镜面般闪耀，这技艺简直就是登峰造极。从"好技术"到"绝技术"再到"大技术"，李凯军钳工职业历程的三级跳跃，这是技术的跳跃，视野的跳跃，更是精神上的飞跃，是精益求精、追求卓越的"工匠精神"的最好诠释。

　　2017年，李凯军带领团队先后完成国内外各种复杂模具130多套，总产值达1.25亿元，节约资金600多万元。做到了件件产品有改进、套套模具有创新，填补了多项国内制造技术的空白，创新成果在生产实践中发挥了巨大作用。"过人天赋"的背后，往往凝结着常人未知的汗水和付出。钳工的活儿需要巧手、头脑，更需要体能。李凯军坚持每天早上做400个俯卧撑，"我到现在还是厂里跳绳纪录的保持者，2分钟420个，无人能破。"为避免工作和比赛时手发抖，这位酒量不小的东北汉子干脆把酒也戒了，20年滴酒未沾。

自信着，骄傲着。因为李凯军知道自己的劳动对别人产生了价值，对国家和社会作出了贡献。可有时，这在别人眼里却变成"固执"，甚至是"傻"。有一次，做出口模具，李凯军和厂里一位大领导因为保质量还是保工期而发生激烈"争执"。"交货前一晚，我发现模具拼装有缝隙，提出马上调整，领导却认为这是'小毛病'，交货要紧。"最后，李凯军坚持把模具调整完才交货，买方很满意，下了100万美元的订单。

工匠所有的记忆、灵感和技能都在灵巧的双手和眼力上。2017年10月，在中国中央电视台《当代工人》专题节目中，播放了李凯军手持抛光模具用风动工具在生鸡蛋壳上刻出"传承"两个字。当鸡蛋皮被刻掉后，里层鸡蛋的薄膜丝毫没有损坏，还保持原生态。现场的专家、众多嘉宾和亿万电视观众及网友们惊叹不已，称口叫绝，李凯军展示了"大国工匠"巧夺天工、精巧绝技的风采，李凯军不仅因为他手上有"绝活"，更因为他心中有责任。

2003年起，一批又一批徒弟传承了李凯军的衣钵，开始在工作中、赛事上崭露头角、摘金夺银，其中朱伟东、刘岩两位徒弟先后获得第四届、第六届全国职工职业技能大赛钳工冠军和团体金牌、铜牌，真是严师出高徒，芝麻开花节节高，成为业界一段佳话。十几年来，李凯军以匠人之心传艺育人，桃李满天下，他辅导的学生已超过万人，经他直接代培的学员和业内的徒弟已达120多人。正是有了这些不懈钻研、耐住辛苦的"工匠"们，使中国一汽铸造品牌知名度和市场占有率不断提升。

弘扬"工匠精神"，致力匠心培养工匠。李凯军这把热情的火，点燃了整个团队，那里有一种风气，就是在高压下"冲锋陷阵""永不退缩"，正是李凯军凭着"工匠精神，"带出了"工匠团队"，从一点亮变成一片亮；从简单粗放变成专业精准。

李凯军内心最热切的期盼是：建立行之有效的技能型人才培养教育体系；社会对技能型人才少一些偏见；国家和企业给予工人与其劳动付出和技能水平相对应的学习、晋升、薪酬待遇……一位一汽集团厂长退休的时候，曾对他的下任接班人说了一句话，"当你在工作中遇到困惑没有方向的时候，你就到铸造车间走一走，那里会给你力量。"其实，中国一汽集团就是一片肥沃的沃土，它不仅生产制造出新中国第一台国产汽车，也培养出像李凯军这样一批制造"国之重器"的各类人才和熠熠生辉的先进典型人物。

有梦想的人永远年轻。铸造车间里，机器轰鸣，环境嘈杂。李凯军说："在我眼里，这里才是一片净土。"是的，净土才能让人静下心来钻研学习，才能激励广大职工撸起袖子加油干。叮叮当当的车间里，穿着统一浅灰色服装的工人们，正心无旁骛地干着手中的活儿，汗水滴进他们的眼眶、滴到钳台上，又滴到地上……从这里看到了中国一汽集团的希望，看到了一汽未来。这是这些技能型劳动者和高技能人才用诚实劳动、智慧创造托起高质量发展新引擎、"国之重器"和中国制造强国。

在科技日新月异的新时代，发展需要科技精英，同样也需要"工匠精神"和更多的工匠。"大国工匠"的故事也很精彩，需要被时代铭记、被世人触摸、被社会关注。

> **小结**：伟大实践孕育伟大精神，伟大精神引领伟大实践。中国共产党从成立伊始就发动劳工阶级，带领劳动人民开创伟业，从南泥湾火热的大生产运动，到小推车推出的淮海战役；从新中国成立初期的手提肩扛，到改革开放时的电气革命；从永不褪色的"铁人精神"，到赶超一流的"载人航天精神"；从都市快递员的忙碌身影，到互联网时代的创业创新……正是因为这些劳动创造，我们拥有了历史的辉煌；也正是因为这些劳动创造，我们拥有了今天的成就。一百年来，中国共产党领导中国人民不断推进革命、建设、改革、复兴事业，筚路蓝缕、披荆斩棘，艰苦创业、铸就辉煌，劳动价值得到了充分彰显，劳动精神得到了极大弘扬。

第三节　当代大学生如何践行劳动精神

新时代对劳动精神的践行集中体现为爱岗敬业、忠于职守。2018年9月10日，习近平总书记在全国教育大会上发表讲话时强调，要在学生中弘扬劳动精神，教育引导学生崇尚劳动、尊重劳动，懂得劳动最光荣、劳动最崇高、劳动最伟大、劳动最美丽的道理，长大后能够辛勤劳动、诚实劳动、创造性劳动。作为当代青少年，践行劳动精神就是要将个人理想根植于劳动创造中，从内心形成对劳动实践的认同感，在一点一滴的劳动中实现价值，这样才能保证实现个人价值与社会价值的统一。青少年践行劳动精神的方式突出表现为践行在生活里的每一件小事上，从而将劳动精神实践于行、内化于心，最终成长为一名被社会需要的劳动者，践行劳动精神是个系统工程，需从重构劳动认同、鼓励劳动创造、塑造劳动人格、完善劳动制度四个方面同时着力。

一、重构劳动认同，形成弘扬劳动精神的社会氛围

所谓劳动认同，一方面表现为劳动者自身在情感上、价值上对自我存在方式、自我价值实现的确证；另一方面涵盖了社会、他人对劳动个体的认知。劳动认同关乎新时代劳动精神如何去培育，影响着社会主义核心价值观如何去践行，关系着"两个一百年"奋斗目标和中华民族伟大复兴中国梦如何去实现。实现劳动认同有以下三个途径：

1. 树立正确的劳动价值观

虽然新中国的成立让劳动者的主体地位得以彰显，改革开放的推进使劳动者的生活变得充实，中国特色社会主义伟大事业的建设让劳动者的生活更加体面，但在这些充实与体面的背后，还存在着重效益轻保障、重资本轻劳动等一系列现实问题，深入考察问题背后的原因，不可否认，与全球资本霸权的影响、消费主义盛行的自我迷失、现代社会多元价值观的冲击等因素不无关联。因此，实现劳动认同，离不开正确价值观的引领，离不开对热爱劳动这种优良传统的继承和发扬。

2. 开展多种形式的劳动精神宣传教育

随着交往的扩大、开放的加深、信息化的推进，以资本至上为代表的消费主义、享乐主义等西方价值观念同我国的奉献精神等传统美德产生激烈碰撞，劳动最光荣的社会主旋律受到一些人的质疑。因此，劳动精神的培养要注重信息化、时代化进程中传统资源与网络媒体的有效整合，让诚实劳动的真实体会，劳动模范、大国工匠们干一行、爱一行、钻一行、精一行的感人事迹，引发人们的关注和了解，从而使人们受到劳动精神的熏陶，将劳动精神融入日常生活，在细微处体会劳动者对社会发展、生活改善的奉献和付出，实现劳动认同。

3. 营造崇尚劳动的文化氛围

人创造环境的同时，环境也创造了人，劳动环境对劳动者的影响潜移默化并且持久深远。广大劳动者在真实的劳动实践中创造着带有自身特征的劳动文化，既体现了劳动者对日常劳动行为的内在要求，又体现了劳动环境对劳动者创造活力的激发与促进。营造崇尚劳动、尊重劳动、热爱劳动的文化氛围，使劳动者乐在其中，提升劳动者的劳动情怀，使劳动者形成正确的劳动价值观。

> **劳动箴言**
>
> 一个健康向上的民族，就应该鼓励劳动、鼓励就业、鼓励靠自己的努力养活家庭，服务社会，贡献国家。

二、鼓励劳动创造，推进劳动精神的实践养成

劳动精神是在劳动过程中产生的，一个不参加劳动的人是无法产生劳动精神的，劳动者只有在劳动过程中才能锤炼劳动的性格、体验劳动的甘甜、端正劳动的态度、增强劳动的毅力、树立劳动的信心。劳动不仅是自主的实践活动，而且是创造性的实践活动，蕴含着浓厚的历史意蕴和鲜明的时代特征。新时代我们倡导和鼓励劳动创造，不断推进劳动精神在实践过程中的培养与塑造。鼓励劳动创造有以下三种措施：

1. 为劳动者提升创新素质提供平台条件，让劳动者拥有劳动实践的广袤空间

在思想文化日益进步的新时代，缺乏创新性劳动的社会是无法良好运转的。我

国社会正处于全面深化改革的攻坚时期，以市场为导向、以创新为动力的发展使我国企业面临着日趋激烈的产业竞争。新时代恢复自由自觉的劳动，必须从劳动者自身素质的提高出发。知识型、技术型、创新型劳动者的培育需要学校、政府、企业和社会形成有效的联动机制，整合、优化劳动教育资源，开展多种形式的就业、创业培训，建立健全持证上岗制度、薪酬制度等，同时，也需要劳动者树立正确的劳动观，不鄙视劳动，主动学习，积极投身劳动，在实践操作中不断提高自身的劳动素质。

2. *为劳动者激发创新热情营造良好环境，让劳动者有敢于劳动实践的大舞台*

中国特色社会主义进入新时代，社会稳定、经济繁荣、国力昌盛的背后，是广大劳动者的付出与贡献。随着劳动人民生活水平的提高，职业病高发问题、生产安全问题、安全卫生立法等问题成为广大劳动者极为关切的现实问题，应通过建立心理辅导咨询机构、提供舒适的工作环境、建立健全劳动参与机制等方式改善劳动者工作条件，提升劳动者的待遇和地位，从而更好地激发劳动者的工作热情与创新活力，推动知识创新和技术创新，实现劳动者的素质提升向现实生产力转化。

3. *为劳动者开展创造性劳动提供政策支持，为劳动者劳动实践提供充分的制度保障*

在大众创业、万众创新的时代背景下，劳动者既要具有精益求精的工匠精神、艰苦奋斗的劳动精神，还要具有勇于创新、追求卓越的时代品质。创造性劳动从价值观念转化成人们的自觉行动，从精神领域转化到物质领域，制度安排和规范设计是极为必要的环节。劳动者自身素质的提高、工作条件的改善，为劳动、知识、技术、管理和资本的活力竞相迸发提供了前提条件，破除制约创新驱动发展的体制机制、完善政策和法律法规、创造有利于激发创新活力的体制环境，是创造性劳动得以实现的重要保障。新时代劳动精神的培育要在强化劳动者创新意识和创新思维的基础上，促使劳动者在不断追求卓越、超越自我的过程中勇于实践，积极投身到劳动中去，从而为建设社会主义现代化强国提供强劲的发展动力。

三、塑造劳动人格，践行劳动精神的基本要求

劳动精神的主体是劳动者。践行劳动精神，要从尊重劳动者的主体人格、尊重劳动价值、维护劳动者尊严三方面去塑造劳动人格。

1. *要尊重劳动者的主体人格*

在推动社会进步的过程中，人们关于劳动的认知和判断会有不同的理解，但我们必须明确，劳动作为人类发展自我、走向文明、改造自然的最基本实践活动，只有存在方式和分工的不同，没有高低贵贱之分，任何形式的劳动都应得到承认和尊重。在

社会主义社会，以工人、农民、知识分子等为主体的劳动者，是推动经济社会发展的根本力量，是实现中华民族伟大复兴中国梦的强大基础。是否尊重劳动者的劳动和创造，关系到中国特色社会主义现代化强国的发展进程。在资本主义社会，人们虽然创造了大量的财富，但人的能力、价值及尊严却没有得到应有的尊重。而在社会主义社会，劳动的性质发生了根本变化，劳动者的主体地位得以确证，中国共产党坚持以人民为中心，促使劳动者的个人价值彻底转变，劳动作为人类存在和发展的根本力量，不再仅仅是满足基本的生活需求、促进社会发展的生产手段，而是成为凸显自身价值的重要途径。

2. 要尊重劳动者所创造的价值

在社会主义社会，一切有利于人民和社会的劳动都值得尊重，一切形式的劳动歧视与偏见都要坚决摒弃和反对。以工人、农民、知识分子等为主体的劳动者，所从事的基础劳动、复杂劳动、创造性劳动等虽然在形式与报酬上存在差异，但都体现了劳动者的辛勤付出，都创造了社会财富，都为社会主义现代化建设做出了贡献。创造商品价值的是人类劳动。随着社会分工而形成的体力劳动和脑力劳动都能够创造社会价值，社会主义现代化强国的实现需要二者的紧密结合，因此二者都应该得到尊重。

3. 要维护劳动者的尊严

党的十八大以来，以习近平同志为核心的党中央始终坚持以人民为中心的发展思想，带领人民朝着共同富裕方向稳步前进，使人们由重视物质生活追求逐步向重视精神生活追求转化。劳动者对于工作的要求不仅体现在对工作薪酬的关注上，还体现在对工作环境、发展空间、权益保护等方面的关注上。形成尊重劳动的良好社会环境，劳动者才能在劳动创造的过程中充分享受劳动带来的幸福和愉悦，进而塑造良好的劳动人格，实现自己的人生价值。

四、完善劳动制度，构建劳动精神的培育机制

我国是一个拥有庞大产业工人队伍的发展中国家，培养具有高素质、创新性、协作性的劳动队伍，是我国实现产业振兴的需要，也是步入现代化强国的关键。高素质劳动队伍的建设不仅需要思想和理论的创新，更需要制度的完善。新时代劳动精神的培育，需要保护劳动者合法权益、提高劳动者积极性、强化劳动者制度保障。完善劳动制度可以从以下三个方面着手：

1. 建立高效统筹协调机制，为劳动精神的培育提供顶层设计保障

新时代劳动精神的培育作为一项系统工程，要构建政府主导、企业参与的全员化、全过程、全方位的统筹协调机制。比如，消除就业障碍和歧视，建立公平公正的社会

保障制度；为劳动者入职提供技能培训，为保护劳动者合法权益提供有效引导；整合养老保险和医疗保险，实现城乡统筹和平等共享；完善就业创业联动机制，为劳动者创造更多工作岗位；健全社会救助体系和保障性住房制度，完善最低生活保障机制。

2. 建立劳动产权保障机制，为劳动精神的培育提供制度依据

劳动产权是劳动者真正占有劳动成果的权利，也是作为劳动主体实现体面劳动、充分劳动的权利。随着产权明晰化推进、劳动用工制度和工资制度的变革，要从财产关系上保障劳动者的合法权益，调动劳动者的积极性和主动性。劳动产权制度是劳动者各项合法权益的重要保障，对新时代劳动精神的培育有着重要作用。

3. 完善按劳分配薪资机制，为劳动精神的培育提供科学合理的支撑

分配薪资制度事关广大劳动者的切身利益和劳动积极性的有效发挥。因此，应完善收入分配机制，提高劳动报酬在初次分配中的比重，完善再分配调节机制，在具体政策、劳动报酬制度等方面不断提高劳动者的地位，使劳动者获得应有的劳动报酬和劳动保障，努力使劳动者的根本利益得到最大程度的实现，促进社会主义和谐劳动关系的形成。

榜样故事

孙红梅："无缝对接"的精彩人生

1975年出生于山东淄博市沂源县一个小山村的孙红梅，从小就埋下了一颗从军报国梦的种子。

她很想参军，但因为近视，未能通过体检。不过，作为全村第一个大学生，孙红梅考上了西安理工大学材料科学与工程学院。"入校后，我被分配到焊接专业，女生寥寥无几。"孙红梅本科毕业时正赶上分配"双向选择，自主择业"。"既然当不成军人，就去部队的工厂，也算为国防事业出力！"孙红梅在招聘会上只投了一份简历去解放军某工厂，那是专门维修航空飞机发动机、保障部队战训和飞行安全的军工厂。

然而，当她一番舟车劳顿，来到鄂西北汉水之滨、偏僻深山中的分厂时，她一下子蒙了——那里四面环山，交通不便，甚至比山东老家还要闭塞，"吃住都不习惯，电话经常要排队打，我的工作只是修修补补一些小而碎的零部件，没有想象中的激动与荣光。"

巨大的落差加上父母希望她离家近点，同学也劝她回山东发展，孙红梅一度迷惘了。就在此时，她测绘制作出的一批几十个夹具上的螺钉报废了，因为她没注意要求是细牙螺钉，默认做了粗牙螺钉。而一向严厉的师傅竟未批评她，她深感羞愧。"这件小事像是给了我当头一棒，让我一下子警醒了，我纯属眼高手低，连一件小事都做不好，何谈报效祖国？"

孙红梅开始思考："究竟要过怎样的人生，结论是，比起物质，我更看重精神追求。"于是，她决定先沉下心，调整状态，把手头上的事做好。这一沉，就是21年。"只要全心投入工作，别看小小零部件，也照样有广阔天地。"孙红梅说。尽管手上常被烫出水泡，眼睛常被电弧光刺疼流泪，盛夏每焊完一道焊缝，都大汗淋漓，一天十几个小时下来，握焊枪的手臂总是酸痛无比，甚至吃饭时连筷子都拿不稳……但她一琢磨起那些待修品零件就陷入痴迷。

2002年，已经是技术能手的孙红梅被"挖"到了刚成立的襄发公司。面对新机线，新挑战层出不穷，孙红梅觉得兴奋的同时深感自己"被需要"。她面对的航空发动机是飞机的"心脏"。航空发动机维修，是机械维修中难度最高的技术之一。与航空发动机的制造不同，维修面对的零件已是成品，无加工余量，基体材料性能也已退化，常会因焊接变形超差和再次裂纹故障导致停修。2008年，工厂修理某型发动机高导内机匣时，遇到焊接变形超差的难题，"机匣叶片安装要求精度高，允许的尺寸公差仅为0.2毫米，我们当时的工艺焊不了，只能请中科院金属所修复，但那成本又高，周期还长。"孙红梅说。

车间领导看着堆满厂房的发动机急得直跺脚。怎么办？作为焊接专业主管技术员，孙红梅带着同事一头扎在现场，一遍遍查图，一次次试验。靠着天天加班到凌晨，两个多月后，她终于带领团队找到解决方案，将机匣变形量由原来的1.2毫米降至0.15毫米，满足了装机要求，实现了技术跨越。强烈的成就感激励着孙红梅不断挑战新高度。在国内激光焊几乎一片空白的情况下，她提出引进激光焊接技术、研发激光焊接工艺的设想。从零开始，通过大量试验，最终实现了"无变形焊接"，将高导内机匣装配部位变形一下降至0.01毫米，远远低于0.2毫米的公差要求，修理精度再次刷新。

2013年，一批某型军用飞机发动机机匣损坏，国内没有成功修复这种机匣的先例，行业专家给的答案是"这个问题连制造厂也束手无策"。眼见30多架飞机即将变为废铁，孙红梅主动请缨维修。然而，机匣内部构造就像俄罗斯套娃，一层又一层，故障点多发生在腔内视线盲区，查找困难。那两个月，孙红梅一筹莫展。一天早上，对镜梳洗的她灵光一现——利用镜面反射不就能看到轴承座腔内故障吗？终于，她带领团队摸索出一套方案，通过开"窗口"利用镜面反射原理查找故障点，用自制的焊定位夹具定位，再采用仰焊将漏气部位修复，最后将"窗口"补片焊牢。"这一道工序后来被命名为'镜面反光仰焊法'，直接解决了机匣死角故障的修复难题，修复的变形误差也控制在 0.003 毫米。"孙红梅说。

不久后，以她名字命名的"红梅工作室"成立。发挥团队优势和名片效益，通过科研项目和故障攻关带队伍，孙红梅释放出更大的能量。至今，她已带出了 10 名徒弟，其中 4 名成为技术专家。

"现在，我们瞄准国际前沿，突破国外技术封锁，能让更多'战鹰'重返蓝天！"孙红梅说。

> **小结**：劳动精神是以爱国主义为核心的民族精神和以改革创新为核心的时代精神的生动体现，是鼓舞全党全国各族人民风雨无阻、勇敢前进的强大精神动力。新时代践行劳动精神，有着重要的现实意义和深远的历史价值。要在全社会大力弘扬劳模精神、劳动精神，大力宣传劳动模范和其他典型的先进事迹，树立辛勤劳动、诚实劳动、创造性劳动的理念，让劳动光荣、创造伟大成为铿锵的时代强音，让劳动最光荣、劳动最崇高、劳动最伟大、劳动最美丽蔚然成风。

本章小结

我们赞美劳动，是因为劳动的成果充实着生命的灌注；我们崇尚劳动，因为劳动的成就凝聚着智慧的结晶；我们尊重劳动，因为劳动的光荣源自诚实的付出。新时代的中国青年要树立正确的劳动观，崇尚劳动、尊重劳动，增强对劳动人民的感情、践行劳动精神的精华，努力用勤劳的双手和诚实的劳动创造美好生活、贡献强国伟业。

延伸阅读

凝聚起抗疫和发展的劳动精神、劳动力量

习近平总书记指出，无论时代条件如何变化，我们始终都要崇尚劳动、尊重劳动者，始终重视发挥工人阶级和广大劳动群众的主力军作用。这就是我们今天纪念"五一"国际劳动节的重大意义。

新冠肺炎疫情发生以来，在以习近平同志为核心的党中央坚强领导下，坚守一线的各行各业劳动者积极投身疫情防控，以实际行动奏响了新时代劳动者之歌。当前，我国疫情防控向好态势进一步巩固，经济社会运行逐步趋于正常，生产生活秩序加快恢复。但是也要看到，新冠肺炎疫情对我国和世界经济社会发展带来前所未有的冲击，不稳定、不确定因素显著增多。2020 年是全面建成小康社会和"十三五"规划收官之

年，也是脱贫攻坚决战决胜之年，突如其来的疫情给我们完成既定目标任务带来挑战。

2020年4月23日，习近平总书记给参与"东方红一号"任务的老科学家回信，强调不管条件如何变化，自力更生、艰苦奋斗的志气不能丢。越是在这样的特殊时刻，越是需要广大劳动者发扬自力更生、艰苦奋斗的优良传统，秉持勤于劳动、善于创造的优秀品质，有力有序推动复工复产提速扩面，确保夺取疫情防控和决胜全面小康、决战脱贫攻坚的双胜利。

在制度上，构建尊重劳动者、鼓励创造的政策体制环境。人民是推动我国经济社会发展的基本力量和基本依靠，实现我国经济社会发展，归根结底要靠广大劳动者的劳动创造。我们要坚持以人民为中心的发展思想，践行全心全意为人民服务的根本宗旨，把全心全意依靠工人阶级方针贯彻到党和国家政策制定过程中，把党的群众路线贯彻到治国理政全部活动中，把党和国家相关政策措施落实到位，努力造就一支有理想守信念、懂技术会创新、敢担当讲奉献的宏大的产业工人队伍。

在精神上，弘扬劳模精神、劳动精神、工匠精神。伟大的事业需要伟大的精神，伟大的精神来自伟大的人民。党的十八大以来，习近平总书记在多个场合向全国人民发出劳动集结号和奋斗动员令，总书记礼赞劳动创造、讴歌劳动精神的名言金句，点燃了亿万人民在新时代劳动创造、拼搏奋斗的满怀豪情，汇聚起各行各业劳动者向着实现中国梦的美好前景进发的时代洪流，更是这次坚守一线的广大劳动者投身抗击疫情斗争的强大精神动力。我们要在全社会大力弘扬劳模精神、劳动精神、工匠精神，宣传劳动模范和其他典型的先进事迹，树立辛勤劳动、诚实劳动、创造性劳动的理念，涵养全社会的劳动信仰、劳动情怀和劳动品格，鼓励劳动者恪尽职业操守、崇尚精益求精、奋力追求卓越。发挥劳动的独特育人价值，把劳动教育纳入人才培养全过程，凝聚劳动精神、激发劳动力量，让劳动最光荣、劳动最崇高、劳动最伟大、劳动最美丽蔚然成风。

在素质上，搭建劳动者更好成长成才成就的平台。劳动者素质对一个国家、一个民族的发展至关重要。2018年我国制造业增加值占世界份额达到28%，2019年我国首次跻身全球制造业创新指数15强，但中国制造"大而不强"，还存在质量效益不高、技能人员缺乏等短板。我们要进一步完善现代职业教育制度和现代职业教育体系，加强技术技能培训力度，开展劳动竞赛，释放"互联网＋职业技能培训"的潜力和动能，推动做好新冠肺炎疫情期间以及今后一个时期的职业技能线上培训工作，通过多种形式不断提高劳动者素质和就业能力，培养更多高技能人才和大国工匠。

在权益上，依法维护劳动者的合法权益。全心全意为工人阶级和广大劳动群众谋利益，是我国社会主义制度的根本要求，是党和国家的神圣职责。应健全党和政府主导的维护群众权益机制，关注一线职工、农民工、困难职工等群体，加大对医务人员的关爱和对困难职工群体的帮扶，帮助广大劳动者排忧解难。面对疫情带来的部分企业缺工严重、稳岗压力大和重点群体就业难等突出问题，积极推动实施就业优先政策，全面落实稳就业举措，扎实做好"六稳"工作，落实"六保"任务。完善政府、工会、企业共同参与的协商协调机制，引导职工依法理性有序表达利益诉求，构建和谐劳动关系，帮助劳动者实现体面劳动、全面发展。

资料来源：李睿祎. 凝聚起抗疫和发展的劳动精神、劳动力量. 中国小康网，2020-04-30.

素养提升

《全国中小学劳动教育典型案例》发布

2021年10月21日，教育部在四川成都召开全国中小学劳动教育现场推进会，交流总结各地中小学劳动教育典型经验，部署下一阶段重点工作。教育部党组成员、副部长郑富芝同志出席会议并讲话。

会议指出，2018年全国教育大会以来，各地把加强中小学劳动教育摆在更加突出的位置，扎实推进各项工作，中小学劳动教育制度体系逐步完善，劳动实践深入开展，条件保障不断强化，家校共育持续深化，取得了重要进展和积极成效。

会议强调，劳动教育是中国特色社会主义教育制度的重要内容，是新时期党对教育的新要求，是法律的明确规定，是促进学生全面发展的迫切需要，具有极端重要性。

会议要求，开展好新时期劳动教育，要坚持系统思维，明确实施重点，抓好关键环节，完善工作机制，把握好五个方面的关系。

一是"一育"和"一课"的关系，防止窄化。劳动教育是一育，不只是一课。既要开好劳动教育专门课程，也要全科渗透，将劳动教育的思想观念融入教育教学全过程。

二是劳动和劳动教育的关系，防止走偏。劳动是手段，育人才是目的。既要防止坐在教室里讲劳动，也要防止只有劳动没有教育。要通过真实的劳动体验，出力流汗，让学生接受教育。

三是劳动教育和其他学科成绩的关系，防止阻力。要加强引导，告诉家长劳动教育与其他学科成绩之间不是对立的，劳动教育搞好了，能提高综合素质，其他学科的成绩会更好。

四是劳动教育规定要求和实施能力的关系，防止低效。既要明确劳动教育的规定和要求，也要提升实施的能力。要加强师资培养培训，统筹好校内外资源，细化实施指导，把劳动教育水平提上去。

五是政府、部门和学校的关系，防止推诿。只有分工明确，各司其职，劳动教育才能做好。政府要抓保障，解决好经费、师资、场地、设备等问题；教育部门要抓部署，发挥牵头作用，制定实施方案，加强对学校的指导；学校要抓实施，把劳动教育课开足、上好，融入日常教学实践活动。督导要抓检查，把劳动教育纳入教育督导体系，定期检查，督促落实。

会议期间，与会代表实地考察了成都市中小学劳动教育开展情况。会上，四川成都、重庆、海南、河北石家庄、黑龙江大庆、江苏常州、安徽淮南、北京东城、浙江富阳、山东省郓城县侯咽集镇黄岗小学作了视频经验交流。会议发布了《全国中小学劳动教育典型案例》。

CHAPTER 3

第三章

劳模精神

2022年4月27日，习近平总书记在致首届大国工匠创新交流大会的贺信中强调，我国工人阶级和广大劳动群众要大力弘扬劳模精神、劳动精神、工匠精神，适应当今世界科技革命和产业变革的需要，勤学苦练、深入钻研，勇于创新、敢为人先，不断提高技术技能水平，为推动高质量发展、实施制造强国战略、全面建设社会主义现代化国家贡献智慧和力量。

案例导入

2020年11月24日，银川市第一人民医院院长马瑞霞荣获了全国先进工作者称号。2021年1月5日，她又站在了自治区劳动模范和先进工作者表彰大会的奖台，"我只是做了一名医生该做的事，荣誉属于我身边的众多同事。"面对获得的荣誉和工作上取得的成就，马瑞霞的回答谦虚而质朴。

马瑞霞很小的时候，看到身穿白大褂的医生帮助病人解除痛苦，就对这一职业产生了深深的敬意和向往。在高考填报志愿时，她毅然选择了医学专业。

2014年7月，银川市第三人民医院由宁夏医科大学总医院托管，马瑞霞时任银川市第三人民医院院长。走马上任后，她带领医院党政一班人围绕托管协议书积极开展各项工作，从多项细节入手，使医院各项工作实现跨越式发展，各项医疗业务指标均呈现大幅度增长态势，效益明显，广大患者反映良好，职工及群众满意度不断提升。

从医近30年来，无论雨雪天气还是节假休息，只要科室有危重病人，马瑞霞就会毫不犹豫迅速赶回工作岗位。她常常是刚进家门，又返病房，连续手术10多个小时是常事，争分夺秒成为一种常态。同事们经常开玩笑，说在她的脸上始终有一双炯炯有神的"熊猫眼"。

由于白天工作繁忙，每天晚上12点以后是马瑞霞做科研和学习的时间，她经常坐在电脑前忙碌到凌晨两三点，通过掌握国内外的学科发展新动态、前沿知识来武装自己。多年来，马瑞霞带领耳鼻咽喉头颈外科团队，在区内率先开展鼻内窥镜手术、人工耳蜗植入术、听骨链重建术等重大手术，研究规范了宁夏变应性鼻炎的诊断与治疗，还在宁夏建立了2个睡眠监测中心。疫情防控期间，马瑞霞带领全体干部职工共接诊发热病人2 805例，确诊患者13例，完成6个临时隔离点改造，抽调近500名医务人员支援湖北和自治区第四人民医院。

马瑞霞的另外一重身份是博士研究生导师、硕士研究生导师，先后培养硕士研究生达40人，连续多年被评为宁夏医科大学优秀教师。在教学工作中她注重培养学生良好的道德行为和独立思考的能力。言传身教、勇于创新，将自己的所学一丝不苟地教给学生。看着一批又一批的学生顺利完成学业，走向全国各地耳鼻咽喉头颈外科临床一线，是马瑞霞最大的幸福。

马瑞霞还带领科研团队不断攻克难关，累计获得多项重量级科研项目：2019年获得中央引导地方科技发展专项项目"互联网+医疗下的区域协同救治的远程会诊体系建设";2018年获得国家自然科学基金"基于NF-kB/MAPK通路探讨微量元素锌对过敏性鼻炎免疫反应的保护作用和机制研究"等自治区多项课题。近年来,马瑞霞发表各类学术论文30余篇,并获得多项奖励,先后主持和参与多项国家级、省部级课题10余项。

"作为一名医生,救死扶伤是我的天职;作为一名政协委员,履职尽责是我的担当。"马瑞霞说,"患病导致家庭成员丧失劳动能力、增加家庭经济支出,因此建立综合性医疗保障体系势在必行。"在每年召开的自治区两会上,马瑞霞围绕如何完善现有医疗保障体系等热点问题,以提案的形式建言献策。

"展望未来,作为医务工作者,我们有团结战胜万难的信心!'十四五'时期,我们站在了一个新的历史交汇点上,身为政协委员,我愿意为党和国家事业发展作出新的贡献。"马瑞霞说。

第一节 劳模的内涵

2020年11月24日,习近平总书记在全国劳动模范和先进工作者表彰大会上指出,劳动模范是民族的精英、人民的楷模,是共和国的功臣。我国是人民当家作主的社会主义国家,党和国家始终坚持全心全意依靠工人阶级方针,始终高度重视工人阶级和广大劳动群众在党和国家事业发展中的重要地位,始终高度重视发挥劳动模范和先进工作者的重要作用。

劳模是适应国家和时代的发展而产生的,是劳动群众的杰出代表,是最美的劳动者,是民族的精英、国家的栋梁、社会的中坚、人民的楷模,是党和国家的宝贵财富,是永远的时代领跑者。

一、劳模的概念

劳动模范简称劳模,是在社会主义建设事业中成绩卓著的劳动者,经职工民主评选、有关部门审核和政府审批后被授予的荣誉称号。劳动模范分为全国劳动模范与省、部委级劳动模范,有些市、县和大企业也会评选劳动模范。中共中央、国务院授予的劳动模范为"全国劳动模范",是劳动者的最高荣誉称号。与此同级的还有"全国先进生产者""全国先进工作者"称号。

二、评选劳模的条件

(1)热爱祖国,坚决贯彻执行党的基本路线和各项方针政策,模范遵守国家法律法规，具有优秀的思想品质和职业道德，推进产业结构调整中和在岗位"创新、创先、创优、创最佳"中做出业绩者。

（2）崇尚科学，用科学的思想观察问题、处理问题、解决问题。增强崇尚科学的光荣感，树立科学态度，掌握科学知识。

（3）在环境保护、安全文明生产、开拓农村市场、搞活农产品流通、发展经济、增加农民收入等方面作出贡献者。

（4）敢于探索，勇攀高峰，在共和国的光辉历史中我国各行各业先进生产线的荣誉先进生产者。他们在不同的发展阶段，始终走在改革开放和社会主义建设的前列。

（5）在社会主义物质文明、政治文明、精神文明建设及其他方面作出重大贡献者。

"爱岗敬业、争创一流、艰苦奋斗、勇于创新、淡泊名利、甘于奉献"，这是劳模精神，也是成为劳模的必备条件。2020年受表彰人选符合党中央、国务院确定的推荐评选条件，具有以下三个突出特点：

一是具有很强的政治性和先进性。人选都经过各级党委和有关部门认定，基本上具有省部级表彰奖励的荣誉基础，并且近5年来特别是党的十九大以来创造了突出业绩，其中有200余人在脱贫攻坚领域作出了突出贡献，有358人享受国务院特殊津贴。

二是具有广泛的代表性和群众性。受表彰人员中，中共党员2015名；民主党派和无党派人士158名；女性578人，占23.2%；少数民族226人，占9.1%。人选基本涵盖各个领域和行业，尤其是来自基层一线的比例较高，其中一线工人和企业技术人员847人，占企业职工和其他劳动者的71.1%，比原定比例高出14.1个百分点；农民工216人，占农民人选的43.2%，比原定比例高出18.2个百分点；科教等专业技术人员、科级及以下干部661人。

三是选取了一批抗疫先进典型。按照筹委会统一部署和要求，推荐评审出300名奋战在抗击新冠肺炎一线的先进个人，他们逆行出征、无私无畏，作出了突出贡献。

如今，我国经济已进入高质量发展阶段，需要更多知识型、技能型、创新型劳动者，只要有想法、肯干事、敢创新，任何人都有机会成为劳模。

三、劳模的发展历程

1. 中国劳模精神的萌芽期（20世纪30—40年代）

（1）劳模的产生及发展：劳动英雄的树立。

革命战争时期的劳模典型树立表彰是涵盖在英模表彰中的，主要集中在三个时段：

第一个阶段是1931—1934年。1932年3月，中共中央第一次就开展劳动竞赛和筹建模范队发出通知，要求共产党以最大的努力"发动群众积极性，用组织模范队和革命竞赛的新方式转变全部工作"。

第二个阶段是1937—1946年。抗战时期的劳模运动从1938年在陕甘宁边区首先发起。边区政府在元旦举办了延安工人制造品竞赛展览会，还在年底首次召开了劳模运动奖励大会，选拔劳动英雄，动员和鼓励工人阶级的劳动热情，发挥其在国防经济建设和民族自卫战争中的作用。

第三个阶段是1947—1949年。这期间的劳模运动最主要是伴随着增产立功运动进行的。

（2）"能手加英雄"：中国劳模精神的萌芽。

劳模精神萌发孕育于革命战争年代。革命战争年代的劳模秉承着井冈山精神，胸怀延安精神和南泥湾精神，战胜了一个又一个困难，为新民主主义革命的胜利做出了巨大贡献。革命战争年代的劳模精神内涵，我们从1944年延安劳模表彰大会会场内两侧横悬的标语中可见一斑——"劳动英雄们：劳动好、学习好，又能公私兼顾、不自高、不夸大、永不脱离群众；模范工作者们：忠于革命、精于业务、勤于学习、善于创造、团结干部、联系群众。"萌芽期的劳模精神有以下五点特色：

第一，爱党拥军和革命英雄主义是革命战争年代劳模精神的鲜明底色。革命战争年代，劳模作为中共政策的拥护者，积极响应号召，无论是苏区还是边区的劳模，都是党和国家的英雄，是拥护党的领导和革命政权的先锋。革命战争年代的劳模发扬了"革命和拼命精神，守纪律和自我牺牲精神，大公无私和先人后己精神，压倒一切敌人，压倒一切困难的精神，坚持革命乐观主义、排除万难去争取胜利的精神"。

第二，热爱劳动和主人翁责任感是革命战争时期劳模精神的崭新面貌。

第三，创造精神及掌握娴熟技能是革命战争时期劳模精神的内在需求。在红色政权的领导下，广大劳模在为革命进行劳动生产，他们在劳动实践中积累经验，逐渐成为技术能手。一些劳模还具有了创新精神，不断提升自己的创造能力和发明水平，努力提高劳动生产率。

第四，艰苦奋斗、自力更生、埋头苦干是革命战争时期劳模精神的优良作风。革命战争年代的苏区和边区，技术水平非常落后，物质条件极为匮乏，人民生活十分清苦，在这样的客观条件下，经济建设依然取得了很大成绩，必定是靠人们艰辛的劳动和极高的热情才能实现。劳模在艰苦的条件下，自力更生、艰苦奋斗、埋头苦干，不怕压、不信邪，充分发挥主体精神积极投身于根据地建设中。

第五，争创一流、无私奉献、团结群众是革命战争时期劳模精神的品格特色。争先创优、勇当排头兵、团结群众、指导群众、大公无私、自我牺牲的精神在革命战争年代的劳模身上就已经表现得尤为突出。早在土地革命战争时期，我党就开展了革命竞赛和劳动竞赛，嘉奖了一大批创先争优，为党和革命作出积极贡献的劳模。抗日战争时期，又涌现出了许多极具代表性的、勇当先锋的、具有奉献精神的劳模。

2. 中国劳模精神的雏形期（20世纪50—70年代）

（1）劳模队伍的壮大：劳模表彰的概况与特点。

1949年至1979年底，党中央、国务院，国务院各部委，各级人民政府以及企事业单位也都相应地召开了众多的劳模代表大会表彰劳动模范、先进生产（工作）者。这里我们主要探讨和分析国家层面的劳模表彰大会和全国劳模代表群体特征及历史贡献，分四个阶段来总结这段时期劳模运动的历史进程。

第一阶段：1950—1956年中国社会主义过渡时期的劳模评选表彰。这个阶段党和政府在北京先后召开了两次大规模全国劳模代表大会表彰劳模。

第二阶段：1957—1966年全面建设社会主义时期的劳模评选表彰。这个阶段党中央、国务院分别在1959年和1960年召开劳模代表大会表彰各个战线的劳动者。

第三阶段：1966—1976年"文化大革命"时期的劳模评选表彰。

第四阶段：1977—1979年"文化大革命"后到改革开放初期的劳模评选表彰。在短短的三年时间里，中共中央、国务院就先后连续召开了五次劳模表彰大会。

（2）"苦干加实干"：中国劳模精神的雏形。

劳模精神在20世纪50—70年代初具雏形。在这不平凡的三个年代里，中国社会主义建设在中国共产党的领导下，在初期借鉴苏联的经验和后期摸索开展的过程中曲折前进，劳模运动也起起落落，唯有"老黄牛"一样的劳模和劳模精神一直印刻在中国人民心中，激励着困苦中的中国人民不畏困难、艰苦奋斗、自力更生、无私奉献、刻苦钻研、勇于创新、不怕牺牲、团结协作、敬业贡献。

坚定理想、忠党爱国、服从领导是劳模精神的崇高信念。新中国成立后到改革开放前的《人民日报》报道中，对于劳模具有"热爱祖国、忠于党和人民、服从领导"等政治品质的文字描述出现的频率极高。"导弹之父"钱学森就是其中优秀代表，他放弃了美国优厚的待遇和生活条件，冲破重重阻拦回国，为祖国的国防事业竭思尽智，钱学森的爱国言行，凝聚着劳模精神的爱国之魂，闪耀着劳模精神的光辉。

自强不息、艰苦创业、奋发图强是劳模精神的优秀基因。自强不息、艰苦创业、奋发图强是中华民族传统精神，是中国共产党的传家宝。新中国的劳模继承了这种精神品格，在危难来临的时刻，他们能够承受和克服，敢于挺身而出。

爱岗敬业、忘我劳动、多作贡献是劳模精神的品质标准。中国新民主主义革命彻底摧毁了一整套已经解体的道德规范和制度，"创造了新的、更必要的道德、权威和纪律"。

团结协作、勇于革新、淡泊名利是劳模精神的价值追求。在社会主义改造和全面建设社会主义阶段，党中央、国务院非常重视技术革新和技术革命在劳动竞赛运动中的作用，肯定人民群众的创造力量，在劳模评选上也是其中一项重要标准。

3. 中国劳模精神的发展期（20世纪80年代—现今）

（1）劳模的与时俱进：劳模表彰的规范与灵活。

劳模在革命战争年代孕育萌芽，在改革开放前初具雏形。20世纪80年代以来，随着时代的发展进步，劳模表彰开始有了明显变化，会议召开的时间和届次越来越固定，会议的名称和荣誉称号也越来越统一，但评选表彰的劳动者却是越来越多样，劳模的评选范围也越来越广泛。但是无论哪个行业的劳模，都能与时代同行，当先锋、树表率，影响带动着广大劳动者坚守信念、立足岗位、开拓创新、建功立业。这个时期的劳模表彰可分两个阶段来阐述。

第一个阶段：20世纪80—90年代的劳模表彰。为隆重庆祝中华人民共和国成立四十周年，肯定改革开放取得的成绩，进一步动员深化治理、深化改革目标，国务院决定在1989年国庆节前夕召开全国劳动模范和先进工作者表彰大会，表彰全国各行各业、各条战线在改革和建设中作出突出贡献的先进个人。

第二个阶段：21世纪前十年的劳模表彰。2000年2月，国务院下发通知，决定在"五一"国际劳动节前夕召开全国劳动模范和先进工作者表彰大会。4月29日，大会在北京人民大会堂隆重召开，国务院授予1 931人全国劳动模范荣誉称号，授予1 015人全国先进工作者荣誉称号。中华全国总工会在2009年4月至9月开展了"时代领跑者——新中国成立以来最具影响的劳动模范"评选活动，经过公众投票和评委会评审，从最初提出的120位候选人中评定马恒昌、王进喜、袁隆平等60名劳模为公众心中新中国成立以来最具影响的劳动模范。让我们记住他们的名字（排名不分先后，按姓氏笔画排列）：马万水、马六孩、马永顺、马恒昌、孔祥瑞、孔繁森、王顺友、王乐义、王有德、王全禄、王进喜、王启民、王选、王洪军、王崇伦、邓亚萍、邓建军、邓稼先、包起帆、史来贺、田桂英、申纪兰、任长霞、多吉、许振超、达吾提·阿西木、吴仁宝、吴运铎、吴登云、宋鱼水、张云泉、张秉贵、时传祥、李双良、李斌、杨丽、杨怀远、邱娥国、陈刚毅、陈峰、孟泰、柳传志、赵占魁、赵国峰、赵桂兰、赵梦桃、钟南山、徐虎、袁隆平、郭凤莲、常香玉、梁军、尉凤英、彭隆荣、智呼声、蒋筑英、鲁冠球、窦铁成、樊锦诗、潘兰英。其中，37人还入选了"100位新中国成立以来感动中国人物"。

（2）"科技加创新"：中国劳模精神的发展。

2015年，习近平在全国劳模表彰会上发表重要讲话，强调"爱岗敬业、争创一流，艰苦奋斗、勇于创新，淡泊名利、甘于奉献"的劳模精神，生动诠释了社会主义核心价值观，是我们的宝贵精神财富和强大精神力量。

2016年4月26日,习近平在知识分子、劳动模范、青年代表座谈会上又强调劳动模范是劳动群众的杰出代表,是最美的劳动者。劳动模范身上体现的"爱岗敬业、争创一流,艰苦奋斗、勇于创新,淡泊名利、甘于奉献"的劳模精神,是伟大时代精神的生动体现。十八大以来,习近平对学习尊敬劳模及弘扬劳模精神发表了多次论述。新时代,"弘扬劳模精神"写入党的十九大报告,成为习近平新时代中国特色社会主义思想的重要内容。同时,劳模应该具有并已经具有"勇于创新"的精神也已经成为常态。

2021年"五一"国际劳动节,中共中央总书记、国家主席、中央军委主席习近平向全国广大劳动群众致以节日的祝贺和诚挚的慰问。他高度肯定广大劳动群众为党和国家事业发展作出的重要贡献,并强调"希望广大劳动群众大力弘扬劳模精神、劳动精神、工匠精神,勤于创造、勇于奋斗,更好发挥主力军作用,满怀信心投身全面建设社会主义现代化国家、实现中华民族伟大复兴中国梦的伟大事业。"

四、不同时期的劳模代表

1. 革命斗争时期的"革命型"劳动模范

以张富清、黄继光、邱少云、杨根思、罗盛教、赵占魁为代表的一大批战斗英雄,在战场上不怕牺牲、浴血奋斗,激发了中国人民的爱国主义精神,将中国人民爱国与爱党联系在了一起。

(1)张富清,男,汉族,中共党员,1924年12月出生,陕西汉中人,原西北野战军第359旅718团2营6连战士。张富清在解放战争的枪林弹雨中九死一生,先后荣立一等功三次、二等功一次,被西北野战军记特等功,两次获得"战斗英雄"荣誉称号。1955年,张富清退役转业,主动选择到湖北省最偏远的来凤县工作,为贫困山区奉献一生。60多年来,张富清刻意尘封功绩,连儿女也不知情。2018年年底,在退役军人信息采集中,张富清的事迹被发现,这段英雄往事重现在人们面前。老英雄张富清60多年深藏功名,一辈子坚守初心、不改本色,事迹感人。在部队,他保家卫国;到地方,他为民造福。他用自己的朴实纯粹、淡泊名利书写了精彩人生,是广大部队官兵和退役军人及全国人民学习的榜样,2019年9月17日,国家主席习近平签署主席令,授予张富清"共和国勋章"。

(2)黄继光,男,汉族,中共党员,1931年出生,四川中江人,1951年3月参加抗美援朝战争,生前是中国人民志愿军步兵第135团2营6连通讯员。1952年10月20日,在上甘岭战役中,他在多处负伤、弹药用尽的情况下,用自己的胸膛堵住敌人正在喷射火舌的枪眼,壮烈捐躯,年仅21岁。中国人民志愿军政治部给他追记特等功,追授"特级英雄"荣誉称号。朝鲜民主主义人民共和国最高人民会议常任委员会授予黄继光"朝鲜民主主义人民共和国英雄"称号和一级国旗勋章、金星奖章。2009年,黄继光当选"100位新中国成立以来感动中国人物"。

(3)邱少云,男,汉族,中共党员,1926年7月出生,1949年12月入伍,重庆铜梁人,生前是中国人民志愿军第15军29师87团9连战士。1952年10月,他在距敌前沿阵地60多米的草丛中潜伏时,为避免暴露任烈火烧焦身体而一动不动,直至壮烈牺牲。朝鲜民主主义人民共和国追授他金星奖章、一级国旗勋章。志愿军总部授予他"一级英雄"荣誉称号,并追记特等功。2009年,邱少云当选"100位新中国成立以来感动中国人物"。

2. 社会主义建设初期的"老黄牛型"劳动模范

以雷锋、申纪兰、王进喜、时传祥、张秉贵、焦裕禄等为代表的一大批普通劳动者,在艰苦的环境中练就了坚毅品质和勤劳品格,继承了艰苦朴素、无私奉献、开拓进取的优良传统。他们甘愿做新中国建设发展的"老黄牛"。"老黄牛精神"成为新中国成立到改革开放前期的中国劳模精神的时代内核,激励和鼓舞着中国人民独立自主、艰苦奋斗、自力更生,在社会主义建设初级阶段的各方面都发挥了极大作用,构筑了一座座不朽的精神丰碑。

(1)雷锋,男,汉族,中共党员,1940年12月出生,湖南望城人,1960年入伍,生前是原工程兵工程某团汽车连班长。雷锋同志是一个普通战士,他没有身居高位,也没有轰轰烈烈的业绩,只是用自己极为平凡的言行,努力做好自己的本职工作,关爱国家、集体和他人,将有限的生命投入无限的为人民服务之中。1962年8月,雷锋执行运输任务时不幸殉职。国防部命名他生前所在班为"雷锋班"。1963年2月,总政治部发出了宣传和学习雷锋同志模范事迹的通知,毛泽东同志作了"向雷锋同志学习"的题词。他荣立二等功1次、三等功2次,成为全军挂像英模,并当选"100位新中国成立以来感动中国人物"。雷锋忠于党和人民、舍己为公、大公无私的奉献精神,立足本职、在平凡的工作中创造出不平凡业绩的"螺丝钉精神",苦干实干、不计报酬、争做贡献的艰苦奋斗精神激励了一代又一代中华儿女。

(2)申纪兰,女,汉族,中共党员,1929年12月出生,山西平顺人,1946年10月参加工作,1953年8月入党,曾任山西省长治市人大常委会副主任、平顺县西沟乡西沟村党总支副书记、西沟金星经济合作社社长。新中国成立以来,她带领西沟村人不断探索山区发展道路,发展农、林、牧、副生产,治山治沟、兴企办厂,逐浪市场经济大潮,奋力建设小康新村,使西沟村的发展始终走在山西前列。为了维护中国妇女劳动权利,她最早倡导男女同工同酬,这一倡议被写入了宪法。申纪兰连续13届当选全国人大代表，荣获改革先锋、全国劳动模范、全国优秀共产党员、全国道德模范、全国三八红旗手标兵等荣誉称号。2009年，她又当选"100位新中国成立以来感动中国人物"。2018年12月，党中央、国务院授予申纪兰同志改革先锋称号，颁授改革先锋奖章。2019年9月17日，国家主席习近平签署主席令，授予申纪兰"共和国勋章"。

（3）王进喜，男，汉族，中共党员，1923年10月出生，甘肃玉门人，新中国第一批石油钻探工人，全国著名的劳动模范。1938年，15岁的王进喜进入玉门石油公司成为一名石油工人，新中国成立后历任玉门石油管理局钻井队长、大庆油田1205钻井队队长、大庆油田钻井指挥部副指挥。他率领1205钻井队艰苦创业，打出了大庆第一口油井，并创造了年进尺10万米的世界钻井纪录，展现了大庆石油工人的气概，为我国石油事业立下了汗马功劳，成为中国工业战线一面火红的旗帜。王进喜以"宁可少活二十年，拼命也要拿下大油田"的顽强意志和冲天干劲，被誉为"油田铁人"。

3. 中国特色社会主义建设时期的"创新型"劳动模范

随着社会主义精神文明建设的发展、深入，社会对劳动价值的评判已从"出大力流大汗、苦干加巧干"向知识型、创新型、技能型、管理型方向转变，劳模也逐渐多元化，各行各业都涌现出了一大批先进典型和英雄模范，在尊重劳动、尊重知识、尊重创新的时代背景下，知识分子劳模比例开始大幅提升。伟大的事业需要伟大的精神力量，要完成改革开放和现代化建设光荣而艰巨的任务，就需要全国人民以坚定的信心和旺盛的热情投身到建设中国特色社会主义的事业中。以钟南山、包起帆、樊锦诗、王启民、鲁冠球为代表的一批劳模，改革创新，勤勤恳恳，任劳任怨，为国家经济发展、国防建设贡献力量，展现了劳模的时代风采和形象，鼓舞和激励全国亿万劳动者为改革开放和社会主义现代化建设事业再创伟业、续写辉煌。

（1）樊锦诗，女，汉族，中共党员，1938年7月出生，浙江杭州人，第八至第十二届全国政协委员，曾任敦煌研究院院长，现任敦煌研究院名誉院长、研究馆员，兰州大学敦煌学专业博士生导师。樊锦诗自1963年北京大学毕业后已在敦煌研究所坚持工作40余年，被誉为"敦煌女儿"，主要致力于石窟考古、石窟科学保护和管理。2007年11月她被聘任为中央文史研究馆馆员。2018年12月，党中央、国务院授予樊锦诗同志改革先锋称号，颁授改革先锋奖章，并获评文物有效保护的探索者；2019年9月，国家主席习近平签署主席令，授予樊锦诗"文物保护杰出贡献者"国家荣誉称号；同年，获得第七届"中华之光——传播中华文化年度人物"奖和"最美奋斗者"称号；2020年5月，被评为"感动中国2019年度人物"。

（2）王启民，男，汉族，中共党员，1937年9月出生，浙江湖州人，曾任大庆石油管理局勘探开发研究院院长，管理局局长助理，大庆油田有限责任公司总经理助理、副总地质师。20世纪60年代，他提出的"高效注水开采方法"，打破了当时国内外普遍采用的"温和注水"开采方式，开创出中低含水阶段油田稳产的新路子。20世纪70年代，他主持进行的"分层开采、接替稳产"开发实验，使水驱采收率提高了10%～15%。20世纪90年代，他组织实施的"大庆油田高含水期'稳油控水'系统工程"结构调整技术，创立了油田高含水后期"控液稳产"的新模式，多次获国家科技进步奖，被中国石油天然气总公司党组授予"新时期铁人"荣誉称号。2018年12月，王启民同志被党中央、国务院授予改革先锋称号，颁授改革先锋奖章，并获评科技兴油保稳产的大庆"新铁人"。2019年9月，国家主席习近平签署主席令，授予王启民"人民楷模"国家荣誉称号。

榜样故事

钟南山院士的贡献

钟南山出生于医学世家，1960年毕业于北京医学院（今北京大学医学部）。2007年获英国爱丁堡大学荣誉博士。2007年10月任呼吸疾病国家重点实验室主任。2014年获香港中文大学荣誉理学博士。2019年被聘为中国医学科学院学部委员。2020年8月11日，习近平签署主席令，授予钟南山"共和国勋章"；9月4日，钟南山入选2020年"全国教书育人楷模"名单；9月3日，入选世卫组织新冠肺炎疫情应对评估专家组名单；11月3日，钟南山被授予2020年度何梁何利基金"科学与技术成就奖"；12月15日，获颁香港理工大学荣誉博士学位；12月19日，获授澳门特区政府颁发的大莲花荣誉勋章。钟南山长期致力于重大呼吸道传染病及慢性呼吸系统疾病的研究、预防与治疗，成果丰硕，实绩突出。

2003年抗击"非典"中，钟南山不顾生命危险救治危重病人，奔赴疫区指导医疗救治工作，倡导与国际卫生组织合作，主持制定我国"非典"等急性传染病诊治指南，为战胜"非典"疫情作出重要贡献。他主动承担突发公共卫生事件代言人角色，向公众普及卫生知识，积极建言献策推动公共卫生应急体系建设，为夺取应对甲型流感、H7N9禽流感等突发公共卫生事件的胜利发挥了重要作用。

从非典到新冠肺炎，钟南山一直站在抗疫一线，成为公共卫生事件应急体系建设的推动者，促成了国家多项政策法规的制定，更成为突发公共卫生事件的代言人，成为稳定民心的科学家代表。

新冠肺炎疫情发生后，他敢医敢言，提出存在"人传人"现象，强调严格防控，领导撰写新冠肺炎诊疗方案，在疫情防控、重症救治、科研攻关等方面作出杰出贡献。

榜样故事

中国女排

中国女排是一个英雄的集体，"五连冠"塑造了属于中国的女排精神。凝聚着志向、信心、实力、能量的"女排精神"影响、激励了刚刚走进改革开放的中国人。中国女排经历过20世纪80年代五连冠、雅典奥运会决赛惊天逆转俄罗斯、里约奥运会连克强敌、女排世界杯11连胜的辉煌，也经历过20世纪90年代一段时间及伦敦奥运周期青黄不接的阵痛期，但中国女排从未放弃，每一场比赛都全力以赴，无论输赢，"女排精神"一直在赛场上体现得淋漓尽致。中国女排不光是体育界的骄傲，也是全体中国人的骄傲。"女排精神"激励着一代又一代人锐意进取，始终是中国人昂首前进的伟大精神动力。

20世纪80年代的中国百废待兴，女排以拼搏精神赢得三连冠和五连冠的成绩，成为那个时代的楷模，成为当时中国人的骄傲。当时的主教练是袁伟民，主要队员有孙晋芳、张蓉芳、郎平、陈亚琼、周晓兰、杨希、朱玲、曹慧英、陈招娣、周鹿敏、张洁云、梁艳。

1981年11月，中国女排以亚洲冠军的身份，参加了在日本举行的第三届世界杯排球赛。比赛采用单循环制，经过了7轮28场激烈的比赛，11月16日，中国队以7战全胜的成绩为中国首次夺得三大球比赛的世界冠军。最后一个球落地，姑娘们抱头痛哭。那一夜，女排成了唯一的话题，激动的人们聚集在天安门广场，彻夜高呼"中国万岁，女排万岁！"。

比赛颁奖典礼未毕，国家体委、中华全国体育总会、中华全国总工会、全国妇联等单位的贺电已至球队。第二天，国内几乎所有报纸的头版都在报道女排夺冠的消息。《人民日报》的头版头条启用了鲜红色的大标题："刻苦锻炼顽强战斗七战七捷为国争光——中国女排首次荣获世界冠军"。文章还配发了《人民日报》评论员文章：《学习女排，振兴中华——中国赢了》。文章中提出："用中国女排的这种精神去搞现代化建设，何愁现代化不能实现？"——体育比赛的胜利，上升到了激励整个民族精神的高度。

《人民日报》头版的其他位置，被女排教练和队员的照片占据。此前，中国的大多数人对这个集体并无太多了解，这一天后，他们成了新中国人尽皆知的民族英雄。而在同天的《体育报》上，时任妇联主席的邓颖超发表了《各行各业都来学习女排精神》的文章。她在文中疾呼："各行各业的人民群众都要学习中国女排精神，树立远大的志向，发扬脚踏实地、苦干实干的作风，把自己的工作做好，更快地将我们的社会主义事业推向前进！

> **小结**：劳模是劳动模范的简称。"劳"表示劳动，这是劳模的基本前提。"模"体现了一种"示范"和"楷模"的价值导向，一种可近、可亲、可信、可学的榜样作用。"劳模"是指在各个时期的生产劳动和建设中涌现出的劳动者优秀代表，是在劳动中被效仿的标准和模范，是我国亿万劳动人民的模范群体。劳模是适应国家和时代的发展而产生的，是劳动群众的杰出代表，是最美的劳动者，是民族的精英、国家的栋梁、社会的中坚、人民的楷模，是党和国家的宝贵财富，是永远的时代领跑者。

第二节　劳模精神的意义

2023年4月30日，在"五一"国际劳动节到来之际，习近平总书记向全国广大劳动群众致以节日的祝贺和诚挚的慰问，希望广大劳动群众大力弘扬劳模精神、劳动精神、工匠精神，诚实劳动、勤勉工作，锐意创新、敢为人先，依靠劳动创造扎实推进中国式现代化，在强国建设、民族复兴的新征程上充分发挥主力军作用。

党的十八大以来，以习近平同志为核心的党中央十分重视弘扬劳模精神。党的十九大报告更是明确指出，我国要"弘扬劳模精神和工匠精神，营造劳动光荣的社会风尚和精益求精的敬业风气"。这是第一次在党的报告中明确提出"弘扬劳模精神"。习近平总书记在全国教育大会上进一步指出，"要在学生中弘扬劳动精神，教育引导学生崇尚劳动、尊重劳动"，要求高校推进弘扬劳模精神的实施和开展。这些讲话和会议精神指明了新时代高校弘扬劳模精神的重要意义。

一、劳模精神的概念

劳模精神根本上是一种精神，通过劳模展现，既体现了劳动的本质，又体现了劳模的先进性，是推动劳动向前发展的精神力量。劳模精神脱离不了劳动，在劳动中产生；脱离不了劳动者，通过劳动者来生动地表现。劳模精神是一种先进的精神，体现出人本质的光辉和优秀的潜能；劳模精神是伟大的，推动了历史进步。劳模精神中顽强拼搏的进取精神、自强不息的高贵意志是做好一切、成就自我的根本。伟大的事业需要伟大的人民，伟大的人民需要伟大的精神，伟大的精神鼓舞伟大的人民，伟大的人民创造伟大的事业，三者之间缺一不可，互相促进。劳模精神的实质就是要通过诚实劳动为人民创造美好的生活，为国家开创崭新的局面，这是中华民族几千年发展历程中最伟大的总结。

二、新时代劳模精神的内涵

1. 爱岗敬业、争创一流

首先，要正确认识自己和工作岗位。正确认识自己是做一切事情的基础，只有正确认识自己的性格专长、优缺点，才能更好地解决问题。其次，要了解单位性质和工作岗位的具体情况，对工作岗位的岗位需求有清醒的认识。爱岗敬业、争创一流要有负责的工作态度。工作态度决定了工作的细节，这就很大程度上决定了将来的工作效果。责任心是努力成就一番事业的基础，是热爱岗位并希望为之奋斗的重要方面，是遇到问题积极求索的动力。只有树立对工作像对自己的生命一样负责的态度，才有可能更好地开展工作，才能创造出成绩。爱岗敬业、争创一流要有勤勉的工作作风。工作作风是人们开展工作的具体做事准则，勤勉的工作作风就是发扬勤奋努力的精神。

（1）有坚定的职业理想。职业理想是爱岗敬业精神的思想基础，每个工作者都是有思想的人，树立坚定的职业理想，就是明确自己在工作中要达到的效果，构筑属于自己的工作梦想，这就如同行路有了方向，行船有了灯塔。

（2）有精湛的专业能力。专业能力是实现爱岗敬业精神的更高一步要求。所谓专业不仅指掌握的知识水平，还包括具备的职业操守。在业务能力方面，一个好的工作者，必须具备胜任这一岗位的知识储备，尤其是在科技高速发展的今天，简单重复的操作工种已经越来越多地被"机器手""智能车"所取代，这些机器设备能够替代人工进行工作，无论在工作时间上，还是精细程度上都有它的优势。

（3）有进取的思维方式。永不满足、不断进取的思维是实现爱岗敬业精神的延续。进取意识即不满足于现状。对于进取思维的最好体现就是更高、更快、更强的体育精神。工作中也尤其需要这种思维，具有进取意识的人，会为自己设立更高的工作目标，会直面困境，迎难而上，渴望有更好的工作成绩，争取更大的发展。这种不满足、不断探索的思维方式，推动了社会各行各业的不断前进，推动了整个社会环境的不断优越，推动了每个公民自身素质的不断提升。

2. 艰苦奋斗、勇于创新

艰苦奋斗是我们党的优良传统，毛泽东在新中国成立前夕召开的七届二中全会上就告诫全党，提出"两个务必"的要求，习近平总书记也曾多次倡导艰苦奋斗，指出社会主义是干出来的，新时代也是干出来的；指出中华民族迎来了从站起来、富起来到强起来的伟大飞跃，是中国人民奋斗出来的。创新是一个民族进步的核心动力，是人类特有的认识能力和实践能力。勇于创新一直是我们民族精神的重要部分，我们一直依靠着创新能力不断发展才能够始终屹立在世界民族之林。

3. 淡泊名利、甘于奉献

淡泊名利是对于人们辛勤付出后回报的衡量尺度。在大众的价值观当中，付出是艰辛的，付出是有价值的，那么就应该有所回报。而回报的形式总体分为"名"和"利"两种，"名"主要指荣誉，"利"主要指财富。无论是哪种形式的回报，都是被社会认可的，可以推崇的。而劳模精神中的淡泊名利、甘于奉献重点强调的是看轻回报，看重奉献，这是更高层次的追求。淡泊名利、甘于奉献是在付出与回报的配比上做权衡，提倡默默奉献，不在乎个人利益得失。只有心胸豁达，不急躁、不轻浮，宽容、无私的人才有可能做到。

三、新时代劳模精神的意义

1. 劳模精神诠释了社会主义核心价值观

党的十八大提出，倡导富强、民主、文明、和谐，自由、平等、公正、法治，爱国、敬业、诚信、友善，积极培育和践行社会主义核心价值观。这24个字是社会主义核心价值观的基本内容，分别从国家层面、社会层面和个人层面值进行了阐述，这些内涵是适应我国现阶段的发展进程和国情状态的，是我们每个公民都应该尊崇的价值体系，我们应按照内涵要求，努力完善自己，提高素质。

社会主义核心价值观是对全社会公民的道德要求和行为准则要求，而劳模正是全体公民中的杰出代表，他们展现出的劳模精神与社会主义核心价值观是部分与整体的关系。从内涵上来看，社会主义核心价值观是在中华民族长期的发展历程中，通过几代人、几十代人不断提炼，将传统的中华民族优秀美德与各时代相结合的产物，劳模精神是在长期的生产实践中总体凝结成的先进的劳动领域的精神支撑，各个时代的劳模精神也都是符合社会主义核心价值观的要求的，是其重要组成部分。无论是从社会公德方面，还是个人道德品质方面，社会主义核心价值观都是对全社会价值观的多角度考量和要求，是全面的、系统的、立体的。而劳模精神包含着热爱劳动、热爱生活、追求知识、不断进取、努力创造的价值取向，是社会主义核心价值观在社会生产领域的更高要求。弘扬社会主义核心价值观的过程是任重道远的，这就要求劳模群体去作表率，身体力行，在弘扬劳模精神的同时，促进社会主义核心价值的宣传，引导全社会践行社会主义核心价值观。

2. 劳模精神丰富了民族精神和时代精神

民族精神以中华民族为对象，以爱国主义为核心。时代精神以改革开放为核心，坚持改革开放就是最大地坚持时代精神。这两种精神始终贯穿于中华民族的历史，既沉淀于近代中华民族不屈不挠的民族斗争，又体现于新时代中国快速崛起的改革进程，动员和鼓舞着中华儿女以饱满的热情投身祖国建设，将自身的价值实现于民族和时代的意义当中。民族精神和时代精神是群众为之凝心聚力的兴国之魂，民族精神和时代精神是党和政府的强国之道。

3. 劳模精神是劳动精神的积极体现

作为新时代的创造者，应树立端正的劳动观，即劳动最光荣、劳动最崇高、劳动最伟大、劳动最美丽。历史悠久的中华民族，从闭关锁国的落后挨打的局面，到今天的新时代发展，实现了从站起来、富起来到飞起来的伟大跨越，这是全体劳动者在中国共产党的领导下，经过艰苦卓绝的革命、建设和改革，一步步实现的。习近平总书记在2013年接见了65名劳模代表，这其中有新中国第一位女拖拉机手，已经84岁高龄的梁军，她是在1950年新中国第一届劳模大会上当选全国劳动模范的，她的事迹鼓舞了一代代新中国建设者。习近平总书记听完发言深情地说："人世间的美好梦想，只有通过诚实劳动才能实现；发展中的各种难题，只有通过诚实劳动才能破解；生命里的一切辉煌，只有通过诚实劳动才能铸就。"而这其中的诚实劳动就是当代劳模的爱岗敬业、艰苦奋斗、甘于奉献的精神；而破解难题、铸就辉煌就是体现在劳模身上的争创一流、勇于创新、淡泊名利上。

4. 劳模精神是培育时代新人的重要手段

习近平总书记在党的十九大报告中提出了"培养担当民族复兴大任的时代新人"的新要求。时代新人首先要符合新时代的特点，要与新时代相结合，时代新人要有新思想、新方式、新观念、新目标，要有所作为，就必须有神圣的责任心和使命感，要有理想、有梦想，将自己的个人梦、个人理想同国家和民族的梦想结合到一起。要实现在劳动中创造价值，在劳动中实现人生，锤炼人性，这些就要以劳模精神为指引，要以国家富强、人民幸福为己任，发扬劳模精神的勇于创新、甘于奉献精神，要胸怀大志，将国家富强乃至世界进步作为前进的动力，投身中国特色社会主义建设的时代大潮当中。如何把远大的理想转变成现实，就需要在平时的工作学习当中，不断探索，求得真学问，练就真本领，广大青年要自觉加强自身学习的意识，体会到重担在肩、时不我待的紧迫感，不断刻苦求学，提升本领。在国家发展的各个历史阶段，当时阶段的年轻人都作为时代新人，发挥着举足轻重的作用。劳模身上的坚守与专注、负责

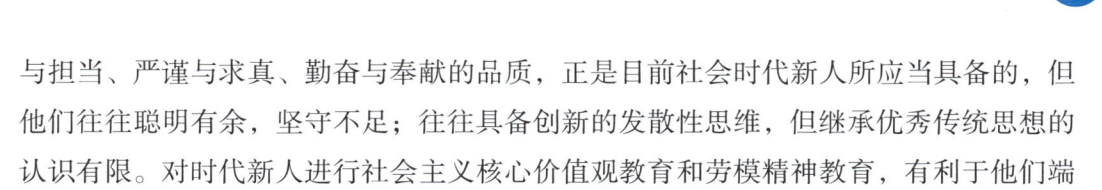

与担当、严谨与求真、勤奋与奉献的品质，正是目前社会时代新人所应当具备的，但他们往往聪明有余，坚守不足；往往具备创新的发散性思维，但继承优秀传统思想的认识有限。对时代新人进行社会主义核心价值观教育和劳模精神教育，有利于他们端正人生态度，正确看待社会责任，树立人生目标。

劳模精神是形成于中国共产党带领人民进行革命、建设和改革的历史进程中的，以劳动模范这个群体的模范行为、优秀品格和高尚情操为基本内容，是在建设社会主义现代化强国和中国特色社会主义进入新时代的历史实践中不断丰富和发展的先进思想与精神，其实质和核心是强烈的主人翁意识与责任感，以及在平凡的岗位上艰苦奋斗、无私奉献的精神。劳模精神是对中华民族精神的传承和延伸，是对中国工人阶级优秀品格的诠释和彰显，是社会主义核心价值观的生动实践，它已成为新时代我国社会主义精神文明的代名词之一，宣扬着无产阶级政党的社会价值。

小结：劳模精神通过劳模展现出来，既体现了劳动的本质，又体现了劳模的先进性，是推动劳动向前发展的精神力量。劳动模范之所以光荣而又伟大，不仅在于他们是社会主义建设中的杰出人物，为促进我国经济发展和人民幸福作出了卓越贡献，而且在于他们的优秀品质和思想行为中体现出了一种崇高的精神，即劳模精神。

第三节　践行劳模精神

2018年4月30日，习近平总书记在给中国劳动关系学院劳模本科班学员的回信中指出，劳动最光荣、劳动最崇高、劳动最伟大、劳动最美丽。全社会都应该尊敬劳动模范、弘扬劳模精神，让诚实劳动、勤勉工作蔚然成风。

在一百年的非凡奋斗历程中，一代代中国共产党人顽强拼搏、不懈奋斗，形成了一系列伟大精神，构筑起中国共产党人的精神体系，为立党兴党强党提供了丰厚的精神滋养。"长期以来，广大劳模以平凡的劳动创造了不平凡的业绩，铸就了'爱岗敬业、争创一流，艰苦奋斗、勇于创新，淡泊名利、甘于奉献'的劳模精神，丰富了民族精神和时代精神的内涵，是我们极为宝贵的精神财富。"践行劳模精神应努力做到以下几个方面。

一、努力学习，提升对劳模精神的认识

"不惰者，众善之师也。"在长期实践中，我们培育形成了爱岗敬业、争创一流，

艰苦奋斗、勇于创新，淡泊名利、甘于奉献的劳模精神。劳动是一切幸福的源泉。新形势下，我国工人阶级和广大劳动群众要继续学先进赶先进，自觉践行社会主义核心价值观，用劳动模范和先进工作者的崇高精神和高尚品格鞭策自己，焕发劳动热情，厚植工匠文化，恪守职业道德，将辛勤劳动、诚实劳动、创造性劳动作为自觉行为。

二、积极投身劳动实践

加强政治理论学习，加强党史、新中国史、改革开放史、社会主义发展史学习，自觉做中国特色社会主义的坚定信仰者、忠实实践者。要发扬优良传统，承担历史使命，把党和国家确定的奋斗目标作为自己的人生目标，以民族复兴为己任，自觉把人生理想、家庭幸福融入国家富强、民族复兴的伟业之中，做新时代的追梦人，积极参加群众性创新活动，汇聚起众志成城的磅礴力量。要增强历史使命感和责任感，深刻认识国家好、民族好大家才会好，正确处理个人和集体、当前和长远、局部和整体的利益关系，自觉维护大局、服务大局，最大限度增加和谐因素，最大限度减少不和谐因素。要深刻认识团结就是力量、团结才能前进的道理，发扬团结协作、互助友爱的精神，加强工人阶级的团结，加强工人阶级同其他劳动群众的团结，坚定战胜各种困难的信心和决心，始终做党执政的坚实依靠力量。

三、努力提高劳动者素质

劳动者素质对一个国家、一个民族的发展至关重要。当今世界，综合国力的竞争归根到底是人才的竞争、劳动者素质的竞争。要树立终身学习的理念，养成善于学习、勤于思考的习惯，实现学以养德、学以增智、学以致用。要适应新一轮科技革命和产业变革的需要，密切关注行业、产业前沿知识和技术进展，勤学苦练、深入钻研，不断提高技术技能水平。要增强创新意识、培养创新思维，展示锐意创新的勇气、敢为人先的锐气、蓬勃向上的朝气。

> **小结**：当前，中国特色社会主义建设进入了新时代，这是一个新的发展的历史方位。新时代面临着诸多新情况和新问题，是一个提倡实干、呼唤劳模的时代，因此特别需要我们认真学习、大力弘扬劳模精神。青年是社会主义事业的建设者和接班人，要牢固树立爱业、敬业、乐业、勤业的职业理念，不断学习劳模精神，在实际工作中践行劳模精神，立足岗位、踏实工作，加强学习、提升水平，坚持不懈、开拓创新，从而为实现社会主义新时代的伟大奋斗目标奉献自己的力量。

本章小结

"长期以来，广大劳模以平凡的劳动创造了不平凡的业绩，铸就了'爱岗敬业、争创一流，艰苦奋斗、勇于创新，淡泊名利、甘于奉献'的劳模精神，丰富了民族精神和时代精神的内涵，是我们极为宝贵的精神财富。"习近平总书记指出"劳动模范是劳动群众的杰出代表，是最美的劳动者"，强调"必须大力弘扬劳模精神、发挥劳模作用"。

习近平总书记指出："我国是人民当家作主的社会主义国家，党和国家始终坚持全心全意依靠工人阶级方针，始终高度重视工人阶级和广大劳动群众在党和国家事业发展中的重要地位，始终高度重视发挥劳动模范和先进工作者的重要作用。"1950年党和国家首次表彰劳动模范以来，在党的领导下，我国工人阶级和广大劳动群众与祖国同成长、与时代齐奋进，奏响了"咱们工人有力量"的主旋律，各条战线英雄辈出、群星灿烂。特别是进入新时代以来，我国工人阶级和广大劳动群众在实现中国梦伟大进程中拼搏奋斗、争创一流、勇攀高峰，为决胜全面建成小康社会、决战脱贫攻坚发挥了主力军作用，用智慧和汗水营造了劳动光荣、知识崇高、人才宝贵、创造伟大的社会风尚。实践充分证明，在当代中国，工人阶级和广大劳动群众始终是推动我国经济社会发展、维护社会安定团结的根本力量，劳动模范是民族的精英、人民的楷模，是共和国的功臣！

弘扬劳模精神，争做时代楷模。每个人不一定都成为劳模，但人人都能学习和践行劳模精神。劳模精神没有光环的预期，更多的是对职业的喜爱，发现的喜悦，劳动的乐趣。

延伸阅读

革命战争年代，面对敌人的围堵封锁，边区军民依靠自己勤劳的双手艰苦创业，创造了陕北变江南的南泥湾奇迹；一位名叫张思德的普通战士，响应党中央开展大生产运动的号召，赶挖炭窑时为救战友而牺牲，毛主席为他发表题为"为人民服务"的著名演讲；支前模范"沂蒙六姐妹"，为前线将士筹粮草、运弹药、摊煎饼、做军鞋，凝聚支援解放战争的磅礴力量。

社会主义建设时期，作为第一批北大荒开垦者中的一员，新中国第一位女拖拉机手梁军用青春诠释艰苦奋斗、勇于开拓，她的形象被印在第三套人民币上，广为流传；改革开放新时期，"杂交水稻之父"袁隆平，为解决中国人的温饱问题，不断追梦，勇于创新。

新中国成立以来，党和国家先后召开了16次全国劳动模范和先进工作者表彰大会，表彰全国劳动模范和先进工作者超过3万人次。

"劳动模范身上体现的'爱岗敬业、争创一流，艰苦奋斗、勇于创新，淡泊名利、甘于奉献'的劳模精神，是伟大时代精神的生动体现。"2016年4月26日，习近平同知识分子、劳动模范、青年代表座谈时指出，社会主义是干出来的，新时代是奋斗出来的。进入新时代，劳模精神在千千万万青年劳动者中赓续传承。

洪家光，中国航发沈阳黎明航空发动机有限责任公司高级工程师。谈起1998年刚从技校毕业，走上工作岗位时的心路历程，洪家光说："每天与零件打交道，同样的动作做几千遍，我当时也曾迷茫过。但渐渐我想明白了，没有平凡的岗位，每一个岗位都有自己价值，我要尽自己最大的努力，加工好每一个零件。"叶片是航空发动机重要的组成部件。被称为"拼命三郎""工作疯子"的洪家光带领团队，经过几年时间上千次尝试，研发出一套成熟的航空发动机叶片滚轮精密磨削技术，为此后的数控化制造和批量生产打下基础。

2020年，洪家光被授予全国劳动模范称号。"拼搏到无能为力，努力到感动自己"，这是洪家光微信朋友圈的个性签名，也是他实现200多项技术革新，解决340多个技术难题的精神"密码"。开启新征程，扬帆再出发。立足新发展阶段，贯彻新发展理念，构建新发展格局，推动高质量发展，必须紧紧依靠工人阶级和广大劳动群众。

"不惰者，众善之师也。"弘扬劳模精神，做新时代的奋进者。

素养提升

劳动模范是最美的劳动者，劳模精神是伟大时代精神的生动体现。崇敬劳动模范，弘扬劳模精神，习近平始终惦念于心。

"榜样的力量是无穷的。劳动模范是民族的精英、人民的楷模。"2013年4月28日，习近平赴全国总工会机关同全国各条战线、各行各业、各个时期的劳动模范代表座谈。

在座谈时，习近平提到了赵占魁、孟泰、孔祥瑞等十多位不同历史时期的劳动模范，并指出，长期以来，广大劳模以平凡的劳动创造了不平凡的业绩，铸就了"爱岗敬业、争创一流，艰苦奋斗、勇于创新，淡泊名利、甘于奉献"的劳模精神，丰富了民族精神和时代精神的内涵，是我们极为宝贵的精神财富。

一位劳动模范就是一盏明灯，指引前行方向。从新中国建设时期的"铁人"王进喜、"两弹元勋"邓稼先，到改革开放历史新时期的"知识工人"邓建军、"白衣圣人"吴登云，再到新时代的"走钢丝的高空医生"陈国信、"大国工匠"管延安……不同的时代，不同的岗位，同样的精神，新中国成立以来，一大批劳动模范以创造、创新、创业的激情，谱写着"换了人间"的动人篇章。

"社会主义是干出来的，新时代也是干出来的。"2018年4月，习近平在给中国劳动关系学院劳模本科班学员回信中对新时代劳动模范提出明确要求，希望你们珍惜荣誉、努力学习，在各自岗位上继续拼搏、再创佳绩，用你们的干劲、闯劲、钻劲鼓舞更多的人，激励广大劳动群众争做新时代的奋斗者。他还号召全社会都应该尊敬劳动模范、弘扬劳模精神，让诚实劳动、勤勉工作蔚然成风。

"劳动模范是民族的精英、人民的楷模，是共和国的功臣。"2020年11月，习近平在全国劳动模范和先进工作者表彰大会上指出，全社会要崇尚劳动、见贤思齐，加大对劳动模范和先进工作者的宣传力度，讲好劳模故事、讲好劳动故事、讲好工匠故事，弘扬劳动最光荣、劳动最崇高、劳动最伟大、劳动最美丽的社会风尚。

"能获评全国劳动模范，不仅是对我个人工作的肯定和鼓舞，更是对我自身的激励和鞭策。"回忆起2020年获得"全国劳动模范"荣誉称号的经历，全国劳动模范、贵州岩博酒业有限公司董事长余留芬仍然心潮澎湃，她说，成为劳模意味着更多的责任和担当，更需要站在更高的立场，处在最艰难的位置去勇于承担、乐于奉献，将劳模精神传承好发扬好。

迈入新发展阶段，我国经济结构不断调整、产业转型升级，对高素质劳动者的需求将日益旺盛。"技术工人队伍是支撑中国制造、中国创造的重要力量。"2020年12月，习近平在致首届全国职业技能大赛的贺信中强调，各级党委和政府要高度重视技能人才工作，大力弘扬劳模精神、劳动精神、工匠精神，激励更多劳动者特别是青年一代走技能成才、技能报国之路，培养更多高技能人才和大国工匠，为全面建设社会主义现代化国家提供有力人才保障。

新时代东风浩荡，劳动者走在前列。全面建设社会主义现代化国家新征程已经开启，时代的号角早已吹响，劳模精神催人奋进，亿万劳动者正在平凡的岗位上续写不平凡的故事。劳动造就了中华民族的辉煌历史，我们坚信，未来会有更多高素质劳动者在百舸争流、千帆竞发的洪流中勇立潮头，在报效祖国、服务人民的人生中有所作为。

第四章
工匠精神

什么是工匠精神？工匠精神是追求精益求精和极致，是敢作敢当、脚踏实地，是薪火相传、后继有人，是心中有火、目光如炬，是始终把质量放在第一位，以匠心致不凡。树高千尺，其根必深；江河万里，其源必长。工匠传承历久弥新。工匠精神，无论是在泱泱中华几千年的历史中，还是在日新月异的今天，永远是亘古不变的传承与标签。

案例导入

1937年9月26日，中国自行设计、建造的第一座双层铁路、公路两用桥——钱塘江大桥建成通车。这是杭州跨时代的杰作，更是工匠精神的结晶，至今依然是巍然耸立在钱塘江上的标志性建筑。

2019年4月3日，经杭州市第十三届人民代表大会常务委员会第十八次会议审议决定，自2019年起将每年的9月26日设立为"工匠日"，作为尊重工匠、关爱工匠、学习工匠，弘扬工匠精神的重要载体。这也是全国首个工匠日。

将9月26日设立为"工匠日"，充分体现了工匠精神的时代性、历史性、民族性、传承性，既是对杭州历史上工匠精神的致敬，更是对杭州"世代匠心"传承的激励。

第一节 感悟工匠精神

一、工匠与工匠精神

工匠，有着悠久的历史，是中国人几千年日常生活中一刻也不能离开的职业。工匠精神，也有着悠久的历史，在人类文化观念中，自古就有着对匠心的追捧，我们常常用匠心来形容做事的高妙境界。中国共产党人，不但是坚定的革命者、奋斗者，同时也是民族精神最忠实的传承者和发展者。在中国共产党领导的血与火的革命中、如火如荼的建设中、意气风发的改革中，涌现出了一大批爱国敬业、勇于奉献、勤于钻研的工匠。革命时期，面对极度匮乏的物质条件，无产阶级工匠们在党的领导下，夜以继日地生产，竭尽所能满足人民群众的需要，是他们传递了中国工匠踏实勤奋、吃苦耐劳的优秀品质；新中国成立后，我国各行各业都涌现了具备工匠精神的典型人物，像我们所熟悉的王进喜、张秉贵等都是新中国生产一线的工匠精神代言人，是他们诠释了中国工匠不畏艰难、勇于奉献的精神。

工匠和工匠精神是一个古老和不断发展的概念。工匠狭义上是指从事一种职业并掌握其基本技能的手工劳动者。广义上的"工匠"已不局限于手工艺劳动者和制造业领域，而是广泛存在于各行各业具有精湛技艺、诚信敬业、追求极致的劳动者群体中。工匠们喜欢不断雕琢自己的产品，不断改善自己的工艺，享受着产品在双手中升华的过程。工匠们对细节有很高的要求，追求完美和极致，对精品有着执着的坚持和追求。

工匠精神是社会文明进步的重要尺度，是中国制造前行的精神源泉，是企业竞争发展的品牌资本，是员工个人成长的道德指引。"工匠精神"就是追求卓越的创造精神、精益求精的品质精神、用户至上的服务精神。

二、工匠精神的核心内涵

所谓"工匠精神",其核心是不仅要将工作作为赚钱的手段,更要有一种对工作的执着,对所做的事情和生产的产品精益求精、精雕细琢的精神。从本质上讲,工匠精神是一种职业精神,它是职业道德、职业能力和职业品质的体现,是从业者的一种职业价值取向和行为表现。工匠精神的基本内涵包括敬业、精益、专注、创新、协作等几个方面的内容。

1. 敬业

敬业是从业者基于对职业的敬畏和热爱而产生的一种全身心投入的认认真真、尽职尽责的职业精神状态。中华民族历来有"敬业乐群""忠于职守"的传统,敬业是中国人的传统美德,也是当今社会主义核心价值观的基本要求之一。早在春秋时期,孔子就主张人在一生中始终要"执事敬""事思敬""修己以敬"。其中,"执事敬"是指行事要严肃认真,不怠慢;"事思敬"是指临事要专心致志,不懈怠;"修己以敬"是指加强自身修养,保持恭敬谦逊的态度。

2. 精益

精益就是精益求精,是从业者对每件产品、每道工序都凝神聚力、追求极致的职业品质。所谓精益求精,是指已经做得很好了,还要求做得更好,"即使做一颗螺丝钉也要做到最好"。正如老子所说,"天下大事,必作于细"。能基业长青的企业,无不是精益求精才获得成功的。

3. 专注

专注就是内心笃定而着眼于细节的耐心、执着、坚持的精神,这是"大国工匠"所必须具备的精神特质。从中外实践经验来看,工匠精神都意味着一种执着,即一种几十年如一日的坚持与韧性。"术业有专攻",一旦选定行业,就心无旁骛,在一个细分产品上不断积累优势,在所从事的领域成为"领头羊"。在中国早就有"艺痴者技必良"的说法,如《庄子》中记载的游刃有余的"庖丁"、《核舟记》中记载的奇巧人王叔远等。

4. 创新

工匠精神还包含着追求突破、追求革新的创新内蕴。古往今来,热衷于创新和发明的工匠们一直是世界科技进步的重要推动力量。新中国成立初期,我国涌现出一大批优秀的工匠,如倪志福、郝建秀等,他们为社会主义建设事业做出了突出贡献。改革开放以来,"汉字激光照排系统之父"王选、"中国第一、全球第二的充电电池制造商"王传福、从事高铁研制生产的铁路工人和从事特高压、智能电网研究运行的电力工人等都是工匠精神的优秀传承者,他们让中国创新重新影响了世界。

5. 协作

所谓"协作",是指团队成员的分工合作。与传统工匠不同,新时代工匠尤其是产业工人的生产方式已不再是传统的手工作坊,而是现代化大机器生产,工匠们所承担的工作只是众多工序中的一小部分。团队需要的是协作共进,而不是各自为战。因此,协作是现代工匠精神的要义。

榜样故事

工匠精神传古今——鲁班

鲁班(中国建筑鼻祖、木匠鼻祖),姓公输,名班,我国古代优秀的工匠和杰出的发明家。自古以来,在人们心目中,鲁班是一位富于智慧、勤于思考、勇于探索、善于创新的工匠楷模,他集匠心、师道、圣德于一身。作为"匠",他巧技制器、规矩立身,怀匠心;作为"师",他授业解惑、至善育人,严师道;作为"圣",他创制垂法、博施济众,怀圣德。尽管他没有给后人留下多少鸿篇巨制,但给我们民族留下了更为崇信物质、精神文明的实物创造与生产技能,更为崇信敦风厉俗、轨物范世的"无字经典"。

鲁班生于公元前507年,在当时生产力极度低下的情况下,其在机械、土木、手工工艺等方面的发明大大提高了社会生产力。今天,木工师傅们用的手工工具,如钻、刨子、铲子、曲尺,划线用的墨斗,据说都是鲁班发明的。而每一件工具的发明,都是鲁班在生产实践中得到启发,经过反复研究创造出来的。所以后世称鲁班为"百工圣主""中国创造第一人"。

小结:习近平总书记高度重视工匠精神的传承与弘扬,他将工匠精神概括为16个字:执着专注、精益求精、一丝不苟、追求卓越,这16个字高度凝练了工匠精神的精神内核。

第二节　工匠精神的时代价值

工匠精神是工匠们对自己的产品精益求精、精雕细琢，追求极致、追求完美、追求更好的精神；工匠精神也是工匠们以质取胜的价值取向，以及对自己所热爱的事业无比执着的职业追求；工匠精神还是工匠们执着于产品和品牌，锲而不舍、心无旁骛、专心致志的品质。提倡工匠精神，对于当前大众创业、万众创新，加快推进转型升级、提质增效，具有重大的现实意义。

一、践行工匠精神是大国制造的必由之路

1. 工匠精神是社会主义核心价值观的具体实践

社会主义核心价值观个人层面的"敬业"和"诚信"，与工匠精神蕴含的职业理念和价值取向高度一致。同时，工匠精神也是对劳模精神、劳动精神的重要深化和提升，弘扬工匠精神是我们党有关劳动和劳动者理念的重要发展，体现了马克思主义尊重简单劳动、重视复杂劳动的价值导向。当下，对物质利益的追求在很多时候遮蔽了人们对精神价值特别是超越性价值的追求。这也不可避免地影响了工匠群体，个别人更重视能够为自己带来经济利益的业务技能，而忽视甚至丧失了独立思考的能力和更高的价值追求。科学技术的发展不能取代劳动者的双手，在走向制造大国的过程中，需要一大批具备工匠精神的劳动者挥洒汗水，他们是真正的筑梦人。

2. 工匠精神是从制造业大国向制造业强国转变的重要助力

中国已成为制造业大国，但我们也应该清醒地认识到我国目前依旧处于低端制造阶段，亟须由制造业大国向制造业强国转变，而这一转变离不开工匠精神的坚实支撑。

工匠精神是提高大学生就业创业能力、引导广大劳动者立足本职岗位、切实提升技术技能素质、不断发展工人阶级先进性的有力抓手，也是实现劳动创新、推进供给侧结构性改革、实现从制造业大国向制造业强国转变的重要助力。

二、弘扬工匠精神是时代发展前进的必然要求

习近平总书记曾说过，人才是改革发展的第一资源。社会各行各业的发展，都需要更多的人才与巧匠。社会化分工越来越细，新兴领域不断诞生与崛起，都意味着更多技能人才会被委以重任，在各自的领域继续发挥引领与示范的重要作用。很多技能人才，之所以能成为各行各业的重要引领者，关键还是在谋事、创业中积极开拓进取，弘扬强大的工匠精神，更好地为各个领域增砖添瓦。这就是说，弘扬工匠精神是时代发展的必然选择。

因此，树立正确的思想理念，积极转变固有观念，提升技能人才的地位，弘扬工匠精神显得尤为重要。只有对新时代"工匠精神"形成共识，才能树匠心、育匠人，为推进中国制造的"品质革命"提供源源不断的动力。

三、培育工匠精神是产业创新发展的本质需要

1. 工匠精神是产业创新升级发展的关键

产业持续性地创新与升级是经济高质量发展模式的核心，这需要从过去的劳动密集型转向技术密集型，从依赖资源禀赋比较优势走向依靠技术创新的竞争优势，二制作业的创新升级则依赖于长期积累的工匠精神，所以培育工匠精神对于产业创新发展起到本质性作用。

2. 工匠精神是制度和文化健全与发展的落脚点

工匠精神的培育需要有与之相适应的良好的社会文化氛围，崇尚劳动，尊重一线劳动者的劳动价值；崇尚技能发展，给予技能型人才更高的地位、收入与发展通道；崇尚创造，倡导创新和创造精神；崇尚"十年磨一剑"的理念，切勿急功近利，根据职业技能、职业素养、职业需要、职业理念等不同层面的要求，有针对性地塑造和培育，使工匠精神成为引领社会风尚的风向标。

榜样故事

大国工匠王军：宝钢"蓝领科学家"为机器装上"中国心脏"

坐落在上海市浦东新区浦电路370号的宝钢是中国现代化程度最高、最具竞争力的钢铁联合企业，自成立以来为国家经济和社会发展做出了巨大贡献。

怀揣钳工梦的王军刚从上海宝钢工业技术学校毕业就被分配到宝钢，在2050热轧精整线上做剪刃组装工。在旁人看来，这种辅助岗位劳动强度大、技术含量低，很难熬出头。但王军认为，即使没机会成为八级钳工，也要做最优秀的剪刃组装工。

正是这种朴素的职业追求、积极的职业心态，促使王军在原本不起眼的岗位上成长为一位工匠大师。

"像科学家那样去工作"是王军的座右铭，也是他给自己的人生信条。王军强

调，一名技术工人不仅要懂技术，还要懂理论，要像科学家一样去思考、去工作、去创新。

王军认为，与科学家相比，一线技术工人更具有得天独厚的试验条件，"创新是技术单元的巧妙结合，工厂有现成的装备和现场，就是现成的实验室，而且在工厂里全厂员工了解这些机器的特性，一旦做成功立刻就能产生真金白银的效果"。"蓝领科学家"是宝钢同事对王军的评价，王军获得的诸多创新奖项更是用事实证明这个评价是中肯的。例如，王军获2007年度国家科技进步奖二等奖、2013年上海市科技进步奖二等奖，享受国务院政府特殊津贴，获第七届全国技术能手和全国劳动模范等荣誉称号，国内外发明展获35个奖项，其中金奖18项。

在王军眼中，创新从来不是社会精英、科学家的"分内事"，创新同样可以成为一线工人的"专利"。正是凭着这样的信念，在公司近30年的时间里，王军先后申请国家专利208项，申请PCT国际专利12项，获宝钢技术秘密认定42项，获国际软件著作权登记2项，在安全、环保等方面的诸多创新成果达到国际先进水平并替代进口技术。正如王军所言："从我身上可以看到，在普通的岗位都能创新。'中国制造'要转变为'中国创造'，就要依靠大家不断创新。"

作为一名钢铁工人，王军的愿望是在世界冶金钢铁发展史上留下中国人的印记，让宝钢成为全球最具竞争力的钢铁企业。未来王军还要在创新的道路上继续干下去。他透露，未来还将完成一项重要突破，这项突破不一定是全新的技术，但肯定会在再次创新基础上实现更好的发展。

小结：真正富有工匠精神的匠人们，会以质量不过关为耻辱，他们将所做的事当成有灵性的生命体，所以制作出来的产品一般无法被模仿，产品精确到无须被检验。

第三节　传承工匠精神

工匠精神，是我国乃至人类文明进步的优秀文化凝练，是成就工匠深层次的原因，是一种引领人们追求梦想的精神资源。从这种意义上看，工匠精神理应成为职业教育育人的价值标杆，也是职业教育"质检"的衡量标尺。

一、传承工匠精神，确立人生发展目标

传承工匠精神，核心在于践行，关键在于要明了和锁定工匠精神所蕴含的目标维度。只有首先确立要达到的培养目标，培养过程才会有方向、有定位、有远方，才能瞄准标杆，凝心聚力，逐梦前行。而这样的目标，就是怀匠心、铸匠魂、守匠情、践匠行。

1. 怀匠心

匠心，即能工巧匠之心，指的是精巧、精妙的心思，本质上就是创新之心。匠心是工匠精神的第一要素，是工匠精神的核心价值和灵魂。工匠精神如果抽调了匠心的内涵，那精神也就会随之贬值。所以说，怀匠心是培养工匠精神的首要任务。

2. 铸匠魂

工匠之魂，是德，是人的品德、品行、品格。德是工匠精神的支柱，是工匠精神的统领与根本，是工匠精神的底蕴和灵魂。"德行就是力量。"如果失去德之魂，就只能算是躯壳和皮囊。所以，职业教育必须践行立德树人的"育人铸魂"工程，教育学生将劳模精神和工匠精神相结合，做到眼中有标杆、心中有榜样，真正成为追寻大师、德技双修的人。

3. 守匠情

匠情，是情怀之意，是人们对事物怀持的或投射在事物之上的积极、崇高、富有正能量的情感与态度的总和。守匠情，需要匠人们怀持和坚守工匠精神，这种情怀包含了人的价值取向和职业态度，是工匠精神的重要组成部分。只有真正能坚守住匠情的人才能够成为大师。

4. 践匠行

匠行是指工匠们的行为。践匠行需要明了匠行基于深厚的历史和文化内涵而生成的独特的行为特征：执着、精技、崇德、求新、传承等。这需要学生脚踏实地、专注做事、精益求精，更需要学生尊道守德、无私敬业，只有这样才能真正地将工匠精神践行到底。

二、传承工匠精神，助力企业发展

工匠精神不是一个标签，也不是一个口号，传承工匠精神要付诸实践，"知行合一"，让工匠精神真正助力企业发展。

1. 将工匠精神融入企业文化发展建设中

企业文化是基业长青的基石，是传承工匠精神的载体。企业要践行工匠精神，首先需要将工匠精神融入企业文化建设，将其纳入企业文化核心理念，通过企业文化的

熏陶让员工树立"工匠意识",把工匠精神内化为全体员工的精神品质,让员工有严谨、细致、专注、负责的工作态度以及对职业的认同感、责任感、荣誉感和使命感,让敬业执着、脚踏实地、精益求精成为企业的价值追求,成为厚植工匠精神的土壤。

2. 将工匠精神植入企业经营管理过程中

企业要以工匠精神为引领,将其融入生产经营的每一个环节,具体来说要做到以下三点:

(1) 以工匠精神引领研发和创新。

创新是工匠精神的重要内涵,对原有技术的创新和新技术的应用,可以更好地满足客户需求,提升客户体验,为客户带来更高的价值。

(2) 以工匠精神引领质量管理。

对品质精益求精是工匠精神的重要内容。质量管理需要质量文化引领与质量管理制度保障,需要进行思想建设与制度建设。质量制度要强化提升产品质量标准,推动质量理念在各个环节的落地。

(3) 以工匠精神引领品牌建设。

企业的发展需要品牌的推动,品牌的好坏决定企业能否在市场上立足。工匠精神是品牌的内在价值。良好的品牌打造基于对技术的不断突破创新和对产品品质的细致研究、提升,这是品牌工匠精神的集中体现。

3. 将工匠精神融入企业发展保障机制的建设中

工匠精神能否有效落实,关键看组织机制是否秉承工匠精神的理念与要求进行设置。组织机制的设置要优先考虑质量管理、研发与技术创新等职能的发挥,要给"匠人"更多的责任和权力,要让各部门各司其职,从机制上保障全员都能把精力放到品质的提升与精益求精上。

工匠精神的本质是靠制度支撑起来的。从某种程度上讲,工匠制度比工匠精神更重要,工匠精神更多的是从精神层面影响人,而工匠制度不只是从精神上引领,更重要的是指导我们怎么去做。

当前许多企业并不缺技术,但缺真正有工匠精神的大师。培养一个大国工匠需要时间的积累,如不及时培养就会断层。因此,企业要建立一套科学的工匠培养机制,增加培训投入,遴选出一批"制造之星""技术劳模",让工匠能够脱颖而出,成为企业里的明星,成为社会的明星。

4. 将工匠精神落实到企业员工个人发展中

从个人层面来看,工匠精神就是认真、敬业、钻研的精神。企业要通过文化的引导和制度的保障，最终将工匠精神的践行落实到每一个员工的行动上。每个员工都要深刻领悟工匠精神的要求，不浮躁、不妥协，静心做事、踏实做人。

5. 将工匠精神贯穿于企业创新发展的过程中

当今时代，企业践行工匠精神要将工匠精神融入大生产、企业化的生产与管理实践中，推动产品品质的提升。工匠精神绝不是一蹴而就的，也不能生搬硬套，而是需要系统地、耐心地培养产生，并且在企业里一代一代地传承下去。

有人说，过去的十年是商人的时代，而未来的十年，将是匠人的时代。未来的中国企业，最核心的问题不再是追求业务扩张，而是如何将自己打造成一个对产品和服务一直追求完美的"匠人"。相信随着供给侧改革的推进，会有越来越多的企业重视工匠精神、践行工匠精神，也会有越来越多的"工匠人才"用更多的"工匠产品"征服世界。

> **劳动箴言**
>
> 建设知识型、技能型、创新型劳动者大军，弘扬劳模精神和工匠精神，营造劳动光荣的社会风尚和精益求精的敬业风气。

三、传承工匠精神，实现社会认同

工作熟练无误，仅可为"工"，而未成"匠"；由表及里，精益求精，乃为"工匠"。践行"工匠精神"，首先要成为一名优秀的"工"，热爱本职工作并保持耐心、细心和决心，才能保证自己在岗位上无差池、无延误，然后成为一名具有自我升华能力的"匠"。

榜样故事

中国工匠精神代表人物——胡双钱

胡双钱，中国商飞上海飞机制造有限公司数控机加车间钳工组组长，被人称为"航空"手艺人，曾获全国劳动模范、全国"五一劳动奖章"、上海市质量金奖等荣誉称号。

在一个3 000平方米的现代化数控车床厂房里，中国商飞大飞机制造首席钳工胡双钱所在的角落，并不起眼。

在诸多单位推荐的工匠名单中，不乏一些大工程项目的指挥官、负责人，但节目制作团队却坚持一点，寻找真正的匠人——"一定要找到拥有顶尖技术的一线技术工人，他们可以不是官员也不是负责人，但无一例外都要有别人难以替代的技术水准。"

胡双钱就是其中一位拥有非凡技术的匠人，至今，他都是一名工人身份的老师傅，但这并不妨碍他成为制造中国大飞机团队里必不可缺的一分子。

2006年，中国新一代大飞机C919立项，对胡双钱来说，这是要做百万个零件的大工程。一次，生产急需一个特殊零件，从原厂调配需要几天的时间。为不耽误工期，只能用钛合金毛坯来现场临时加工，这个任务交给了胡双钱。

据胡双钱介绍，任务难度之大，令人难以想象："一个零件要100多万元，关键它是精锻锻出来的，所以成本相当高。因为有36个孔，大小不一样，孔的精度要求是0.24毫米。" 0.24毫米，相当于人头发丝的直径，这个本来要靠细致编程的数控车床来完成的零部件，那时只能依靠胡双钱的一双手和一台传统的铣钻床。仅用了一个多小时，36个孔悉数打造完毕，一次性通过检验，也再一次证明胡双钱的"金属雕花"技能。

在30年的航空技术制造工作中，他经手的零件上千万，没有出过一次质量差错。这就是胡双钱，用他自己的话说就是："每个零件都关系着乘客的生命安全。确保质量，是我最大的职责。"

工匠精神是工匠们长期职业实践过程中养成的良好职业素养，彰显的是特有职业品质。这种素养和品质是职业精神的萃取，是成就工匠的深层次原因，是一种引领人们追求梦想的精神资源。正是在这个意义上，工匠精神成为职业教育育人的价值标杆，成为职业教育人才"质检"的衡量标尺，成为引领职业教育人才培养方向的新共识、新规范、新目标。

小结：工匠精神不是一朝一夕的慷慨激昂，而是长年累月的坚守，在平凡的岗位上，始终保持初心，心无旁骛，锲而不舍。只有通过不断学习，努力掌握理论知识才能在实际工作中实现创新。我们不仅要把学习看作是兴趣，更应该把它当作一种责任，因为它是增强职业技能、提升自我竞争力、推动企业发展的必由之路。想要成为"工匠"，最重要的就是要热爱工作，用满腔的热忱投入工作当中，在工作中实现自己的人生价值，不断学习，不断进步，只有这样才能精益求精、精雕细琢、追求完美，才能在工作中践行工匠精神。

本章小结

大国崛起，匠心铸梦。回望中国共产党领导的百年征程，正是这一批批执着卓越、勇于奉献的能工巧匠们,为社会主义建设事业做出了杰出贡献。展望新时代的未来征途,没有工匠精神,就不可能打造金字招牌的中国制造。时光不尽,匠心不止。工匠精神,历久弥新。

不论是传统制造业还是新兴制造业,不论是工业经济还是数字经济,工匠始终是中国制造业的重要力量,工匠精神始终是创新创业的重要精神源泉。从《诗经》中的"如切如磋,如琢如磨"到现代中国的"两弹一星"、载人航天工程取得的重大成就,以及在历史浪潮中不断涌现出的一批批工匠人物,都展现出我们对工匠精神的继承与发扬。"世界再嘈杂,匠人的内心,必须是安静安定的。"愿我们均可焠匠心之火,铸时代之刀。

延伸阅读

"95后"人大代表的工匠精神

"95后""砌筑工""全国劳动模范""全国优秀农民工"……这些词汇聚在同一个年轻人身上,他就是全国人大代表、中国建筑第五工程局总承包公司项目质量总监邹彬。

邹彬出生于湖南省新化县游家镇栗山村,爷爷、父亲都是泥工。学砌墙,似乎成了邹彬顺理成章的选择。邹彬很年轻时就跟着家里的长辈,从老家新化来到长沙的工地打工,跟着老师傅们学砌墙的手艺。

"那时候,工友们都笑我傻,因为当时在工地上砌墙砌得越多,工钱也就越多,但我只要觉得砌得不美观就推倒重砌。"为了把墙砌得更好、更快,邹彬没事就请教班组长,或用手机搜索相关视频学习。百炼成钢,邹彬的技术越来越好,一面12平方米的墙,别人要花一天的时间,他只需半天就能砌成;标准要求平整度误差是8毫米,他可以控制在2毫米。"干活一定要坚持自己的标准。"这是邹彬对自己的要求,也是他对工匠精神的初步理解。

2014年4月,在劳务负责人的推荐下,邹彬参加了中国建筑第五工程局"超英杯"技能比武,一举夺得砌筑项目青年组第一名。同年7月,邹彬参加了在北京举办的第43届世界技能大赛砌筑项目全国选拔赛,又一举获得冠军,成功进入国家集训队。

"我对自己的实操技术有信心,但由于读书少,对几何知识、图形测算几乎无法理解，直接影响了作品美观。"理论知识的不足让邹彬有些泄气。"好在我的老师没有放弃，一次次鼓励我，给我'开小灶'，帮我编顺口溜加强记忆。那时候，我心里只有一个想法：一定要坚持下去，为国出征，吃再多苦都不怕！"

计算不准图形数据，他就砌好一面墙，对照图纸、检查出误差，再把墙推倒，重新砌。就这样，他反复训练了8个月的时间。功夫不负有心人，终于，在第43届世界技能大赛上，邹彬获得了砌筑项目优胜奖，实现了我国在这一奖项上零的突破。那一刻，邹彬对工匠精神又有了更深的理解："要用十足的韧性接受挑战，要用十足的耐心追求极致！"

比赛结束后，邹彬回到了工作岗位。不久，他被中国建筑第五工程局总承包公司破格录用为一名砌体质量管理员。入职3个月后，邹彬郑重递交了入党申请书。

2016年，中国建筑第五工程局总承包公司以邹彬的名字命名成立了"邹彬劳模和工匠人才创新工作室"。自从建立了这个工作室，邹彬有了更好的平台为各个重点工程项目解决质量管控难题，他给自己定了一个小目标，"既要学习老一代农民工的敬业担当与工匠精神，也要用创新思维武装自己。"

"从砌筑工到质量管理员，我第一次感到砌筑不再只是吃饭的工具，而是'品质保障、价值创造'沉甸甸的担子。"每当有新工友进入邹彬所管理的项目时，他都会郑重地叮嘱新工友中国建筑的高质量标准，严苛地要求他们把每一个细节做到位。如果遇到墙体质量不达标的情况，邹彬就会找到施工的工友，把存在的问题详细地讲解一番，再要求返工，"别人花了很多钱买的房子是要住很多年的，不能因为质量问题给他们的生活带来麻烦。"质朴的言语，彰显的正是邹彬对工匠精神的一贯追求。

邹彬积极参与到各地举办的职业技能大赛中，当"伯乐"推荐选手参赛，当"老师"为选手们提建议。2018年，邹彬主动向公司请缨，参加"精准扶贫首倡地"十八洞村村容村貌提升改造项目。期间，他砌筑了一面十八洞村文化墙，从标识的确定到砌筑完成，只有3天时间。不仅时间紧，作业条件也很有限，夜间施工找不到合适的照明设备，他就用自己的汽车大灯来打光。砌筑时引来很多村民围观，邹彬就和村民们讲自己的奋斗故事，也鼓励村民们学习一门技能，在实践中演绎"幸福是奋斗出来的"。

作为"邹彬劳模和工匠人才创新工作室"领衔人，邹彬还为湖南、江西等地多个重点工程项目解决质量管控难题，所在团队2020年获国家专利授权25项，制作样板156个。依托这个工作室，邹彬经常手把手教工友实用技能，带动全员提高工程品质，和工友们交流谈心，用自己的亲身经历鼓励工友爱岗敬业、精益求精。

2018年，邹彬当选第十三届全国人大代表，成为湖南代表团最年轻的人大代表。

当上全国人大代表后，如何更好地履职成了他重点思考的问题。

为了践行为人民服务的诺言，更有针对性地提出建议，邹彬先后前往黑龙江、上海、北京等地就如何充分发挥建筑工人的积极性、创新性和创造力进行调研，提交了关于加强职业技术教育投入、新生代农民工就业技能培训、中国企业海外员工医疗服务等方面的建议。

2020年9月17日是邹彬难忘的一天。这一天，习近平总书记来到邹彬的家乡湖南，召开基层代表座谈会。邹彬作为建筑行业唯一代表向总书记介绍自己的成长经历，提出加速农民工向新型产业工人转变的建议，得到总书记亲切回应。总书记强调，"在我们这么一个有着14亿人口的国家，每个人出一份力就能汇聚成排山倒海的磅礴力量，每个人做成一件事、干好一件工作，党和国家事业就能向前推进一步。"总书记的话让邹彬倍受感动和鼓舞。

"在这个伟大的时代，只要有梦想，肯奋斗，人人都有出彩的机会，都能为社会创造价值！"邹彬说。新时代为每个人提供了无比广阔的人生舞台，在这个大舞台上，只要不懈努力，每个人都可演绎出自己的人生精彩。

资料来源：梁佩韵. "95后"人大代表的工匠精神. 求是网，2022-03-09.

素养提升

2020年12月10日，习近平总书记致信祝贺首届全国职业技能大赛举办，强调"大力弘扬劳模精神、劳动精神、工匠精神"，"培养更多高技能人才和大国工匠"。在长期实践中，我们培育形成了"执着专注、精益求精、一丝不苟、追求卓越的工匠精神"。迈向新征程，扬帆再出发，急需一大批具有工匠精神的劳动者，亟待让工匠精神在全社会更加深入人心。

中国制造、中国创造需要培养更多高技能人才和大国工匠，需要激励更多劳动者特别是青年人走技能成才、技能报国之路，更需要大力弘扬工匠精神，造就一支有理想守信念、懂技术会创新、敢担当讲奉献的庞大产业工人队伍，为经济社会发展注入充沛动力。让工匠精神深入人心，就要创造更多"工匠故事"。做好电线电缆"守门员"的叶金龙，与马达结缘一辈子的吴玉泉，以精湛技能完美诠释"钳工"意义的赵水林……一批批国家级技能大师，坚守产业报国的初心，在平凡的岗位上成就了不平凡的业绩。深入贯彻尊重劳动、尊重知识、尊重人才、尊重创造方针，完善工匠政策，提升工匠地位，落实工匠待遇，才能为广大技能人才提供更广阔的舞台，推动更多工匠竞相涌现。

让工匠精神深入人心，还要进一步讲好"工匠故事"。工匠精神是在生产实践中凝聚而成的可贵品质，充分展现着劳动之美、精神之美、时代之美。讲好"工匠故事"，能让人们从大国工匠身上感受到劳动的光荣、精神的魅力。开展以弘扬工匠精神为主题的宣传教育，把崇尚工匠精神纳入人才培养全过程，贯通大中小学各学段和家庭、学校、社会各方面，才能让一个个"工匠故事"激励青少年乃至更多人追求卓越。

　　自2019年起，杭州将每年的9月26日设为"工匠日"，成为全国第一个为工匠设立专属节日的城市。设立"工匠日"，是为了激励工匠们创新创造，也是为了培厚工匠精神的土壤。无论是开展"杭州工匠"评选与表彰、打造劳模工匠文化公园与工匠元素特色街区，还是创立"杭工云课"等线上线下教学平台、建立健全"工匠带徒"制度，众多举措让工匠有荣誉感、成就感，让崇尚工匠精神成为一种新时尚。

　　时代发展需要大国工匠。站在实现"两个一百年"奋斗目标的历史交汇点上，全社会都要大力弘扬工匠精神，让崇尚工匠精神的理念深入人心，让每一位劳动者在新时代书写出更多更精彩更动人的"工匠故事"。

资料来源：让工匠精神深入人心．人民日报，2020－12－25（05）．

CHAPTER 5

第五章

劳动创造美好生活

马克思指出：任何一个民族，如果停止劳动，不用说一年，就是几个星期，也要灭亡。我们如今的生活都是用劳动创造出来的，习近平总书记也多次强调劳动的重要性，"劳动创造了中华民族，造就了中华民族的辉煌历史，也必将创造出中华民族的光明未来。"劳动是打开幸福的钥匙。

案例导入

时传祥是一位"宁肯一人臭，换来万家香"的淘粪工人，他把淘粪当成十分光荣的劳动，以身作则，以苦为乐，不管是分内分外的事，都任劳任怨，满怀热情，全心全意为人民服务。他曾得到国家领导人刘少奇的亲切接见，刘少奇说："你淘粪是人民勤务员，我当主席也是人民勤务员，这只是分工不同。"时传祥高兴地表示："我永远听党的话，当一辈子的淘粪工。"自此以后，时传祥更加努力，更加热爱本职工作，勤勤恳恳劳动。去世之前他还叮嘱儿子继承父亲的志向，也当一名称职的环卫工人。时传祥用一辈子的辛勤劳动，书写了一曲奉献赞歌。

而现在，青少年的劳动观念正日趋淡薄，劳动能力弱，问题在自身，责任在家长，缺少对青少年的劳动教育。

"民生在勤，勤则不匮。"人世间的一切美好都是劳动创造的，天下就没有不劳而获的幸福。让我们一起尊重劳动，热爱劳动，投入劳动中去吧！

第一节　人靠衣装，美靠靓装

衣着打扮是个人外在形象的重要表现，可以给人留下深刻的印象，对社交活动也有直接的影响。

一、衣服的材质

衣服的材质是服装材料与其表面质地的总称。在服装设计的 3 个基本要素——造型、色彩和材质中，材质是组成服装的最基本的物质基础，也是服装造型设计依存的媒介。制作衣服的材料主要有棉布、麻布、丝绸、呢绒、皮革、化纤等。

1. 棉布

棉布是用棉花纺成线后用织布机织成的。人造棉是以纤维素或蛋白质等天然高分子化合物的原料经过化学加工纺制成如棉型黏胶短纤维再纺成线后用织布机织成的。棉与人造棉都是纤维素，与淀粉的构成是一样的，不同的是分子量更大。人造棉是将纤维素溶解在溶剂中再从很细的喷嘴中喷出形成细丝，类似蜘蛛拉丝。所以用火烧是无法区分的，人造棉的手感应该更光滑。棉布多用来制作休闲装、内衣和衬衫。它的优点是保暖、柔和、贴身，吸湿性、透气性甚佳。它的缺点则是易缩、易皱，在穿着时必须时常熨烫。

2. 麻布

麻布是以亚麻、苎麻、黄麻、剑麻、蕉麻等各种麻类植物纤维制成的一种布料。一般用来制作休闲装、工作装，也可用来制作环保包装、时尚手袋等。它的优点是强度极高、吸湿、导热，透气性甚佳。它的缺点是穿着不甚舒适，外观较为粗糙，生硬。麻布制成的产品具有透气、清爽，耐洗、耐晒，防腐、抑菌的特点。

3. 丝绸

丝绸是一种用蚕丝或合成纤维、人造纤维、短丝等纯织或交织而成的织品的总称。在古代，丝绸就是蚕丝（以桑蚕丝为主，也包括少量的柞蚕丝和木薯蚕丝）织造的纺织品。现代由于纺织品原料的扩展，凡是经线采用了人造或天然长丝纤维织造的纺织品，都可以称为丝绸。而纯桑蚕丝所织造的丝绸，又特别称为"真丝绸"。与棉布一样，它的品种很多，可被用来制作各种服装。

4. 呢绒

呢绒的品种规格很多，根据用途和纺织工艺及织品外观，主要可分为精仿呢和粗纺呢两大类。通常用以制作礼服、西装、大衣等服装。它的优点是防皱耐磨，手感柔软，高雅挺括，富有弹性，保暖性强。它的缺点是洗涤较为困难，不适用于制作夏装。呢绒面料不能水洗，水洗容易掉毛、缩水和变形，最好是干洗。

5. 皮革

皮革是经脱毛和鞣制等物理、化学加工所得到的已经变性不易腐烂的动物皮。皮革多用以制作时装、冬装。又可以分为两类：一是革皮，即经过去毛处理的皮革；二是裘皮，即处理过的连皮带毛的皮革。

6. 化纤

化纤是化学纤维的简称，是用天然高分子化合物或人工合成的高分子化合物为原料，经过制备纺丝原液、纺丝和后处理等工序制得的具有纺织性能的纤维。通常分为人工纤维与合成纤维两大门类，优点是色彩鲜艳、质地柔软、悬垂挺括、滑爽舒适。缺点则是耐磨性、耐热性、吸湿性、透气性较差，遇热容易变形，容易产生静电。纤维虽可用以制作各类服装，但总体档次不高。

二、衣服的设计工艺

1. 刺绣

刺绣是针线在织物上绣制的各种装饰图案的总称，是民间传统手工艺之一。刺绣的针法有错针绣、乱针绣、网绣、满地绣等。

一些品牌女装常采用刺绣工艺来增加服装的调性和高级感，但刺绣费时费力，所以这类服装价格偏高。

2. 印、染

又称为染整，是一种加工方式，也是前处理、染色、印花、后整理、洗水等的总称。早在新石器时代，我们的祖先就能够用赤铁矿粉末将麻布染成红色。商周时期，染色技术不断提高。宫廷手工作坊中设有专职的官吏来管理染色生产。到汉代，染色技术达到了相当高的水平。

使染料或涂料在织物上形成图案的过程称为织物印花。现常见的印花方式有数码印花、丝网印刷、喷墨、水浆印花、胶浆印花等。

3. 压褶

压褶是一种工艺，指在布料、玻璃甚至钢铁上通过设备压制出褶皱。褶皱设计充满肌理效果，是现在很多时尚设计师打造时尚单品的设计元素。

服装压褶指在服装的布料上进行压褶制作，以制造出具有褶皱效果的工艺。服装压褶后会具有更加美观的效果，更加时尚，如常见的百褶裙，很受女性的青睐。

4. 编织与针织

编织和针织常被结合运用，比如在毛衣中加入皮绳、织带、麻绳等不同的织物，既有不同材质的对比运用，又能使毛衣更加挺括。

基本的编织技法有编辫、平纹编织、花纹编织、绞编等。编辫是草编中最普遍的技法，它没有经纬之分，将麦秸、玉米皮等原料边编边搓转，编成 3～7 股的草辫。平纹编织是草编、柳编、藤编普遍运用的技法，它以经纬为基础，按一定规律互相连续挑上（纬在经上）、压下（纬在经下），构成花纹。花纹编织是在平纹编织的基础上再予以变化，编织出链子扣、十字扣、梅花扣等花纹。

针织根据不同的工艺特点，分为纬编和经编两大类。在纬编生产中，原料经过络纱以后便可把筒子纱直接上机生产。每根纱线沿纬向顺序地垫放在纬编针织机的各只织针上，以形成纬编织物。在经编生产中，原料经过络纱、整经，纱线平行排列卷绕成经轴，然后上机生产。纱线从经轴上退解下来，各根纱线沿纵向各自垫放在经编针织机的一只或至多两只织针上，以形成经编织物。在某些针织机上也有把纬编和经编结合在一起的方法。这时在针织机上配置有两组纱线，一组按经编方法垫纱，而另一组按纬编方法垫纱，织针把两组纱线一起构成线圈，形成针织物。由同一根纱线形成的线圈在纬编针织物中沿着纬向配置，而在经编针织物中则沿着经向配置。

5. 面料改造

面料改造也称服装面料的二次处理,是在原有的服装或面料上进行第二次处理。

面料改造的方法有堆积、抽褶、层叠、凹凸等,多数是在服装局部设计中采用这些表现方法,也有用于整块面料的。一般是用单一的或两种以上的材质在现有面料的基础上进行黏合、热压、车缝、补、挂、绣等工艺手段形成的立体的、多层次的设计效果。

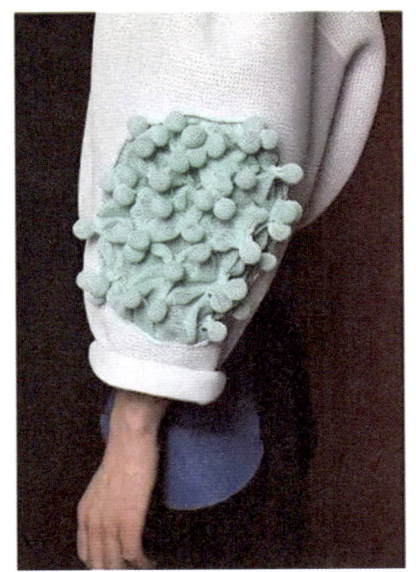

三、洗涤衣服的技巧

1. 洗衣要分类

洗衣服时，不仅要按颜色分类，还要区分衣服的材质、种类。衣物按颜色可分为纯白色、浅色、深色、艳色四类，应分类进行清洗。材质方面一定要将毛绒多的衣物（如毛巾、毛衣、灯芯绒衣物等）和容易起球的衣服分开洗，避免把衣服洗坏。贴身衣物如内裤、内衣等要单独洗涤。

2. 水温应合适

通常来说，水的温度越高，去污效果越好。但要注意，并不是所有衣服都适合用热水洗，我们洗衣服的时候要先看一下衣服上面的标签，根据标签上的要求清洗。一般情况下，丝质、羊毛织物等物品应用冷水洗。

3. 先放洗衣液，后放衣物

手洗衣服时，应先放水和洗衣液，并进行搅动，待洗衣液充分溶解后再放入衣物。这样洗衣服不仅能让洗衣液更好地发挥作用，还能避免衣物上留下洗衣液的印记。

4. 洗衣液的用量应适度

在使用洗衣液前，应先阅读洗衣液的使用说明，明确洗衣液与水的比例，洗衣液的用量过少，将无法达到去污效果，洗衣液的用量过大，不但会浪费，还会产生残留。一般来说，洗衣液的用量稍低于说明书的推荐值即可。

5. 洗衣机不能塞太满

有人喜欢凑一堆脏衣服，把洗衣机填满再洗，以为这样可以省水省电，殊不知这样不但容易洗不干净，还会缩短洗衣机的使用寿命。衣物体积最多只能占洗衣机滚筒体积的 2/3。

四、整理衣服的技巧

1. 衣服整理步骤

长袖上衣的整理步骤为：

（1）把需要折叠的衣服扣子扣好，平铺好后把袖子理顺拉直。把衣服翻转重复上一步过程，确保衣服整齐。

（2）把袖子拉直，然后取一个肩膀为中线，把袖子和半边衣服向上折起到背面。

（3）把袖子拉直，沿着袖口痕迹折叠一下，折叠后袖子铺在了衣服上，重复上一步，把另一边肩膀也取相同位置向内折叠。

（4）从下摆位置向上折叠衣服，沿下方三分之一向上折叠，折叠后，把衣服整理整齐，沿折叠痕迹把下面的衣服再次向上折叠，再把剩余部分向上折叠。

（5）领口部分就正好在折叠好的衣服正上方，一件衣服就折好啦。

长裤的整理步骤为：

（1）把裤子平放，整理裤腰，对折。

（2）裤腰叠好后，把它对折至裤长的四分之一处；裤脚同样对折至裤子的四分之一处，把裤子两端加叠。

连帽大衣的折叠方法

两侧的袖子向内折，帽子向衣身方向内折

接下来就按照一般习惯对折或三折叠起来，调整高度

带装饰物的衣服的折叠方法

将需要重点保护的部位折到内侧

然后按照一般方法折叠，调整高度

吊带衫的折叠方法

记得留点空余

接下来就是照常调整高度，折叠

算上肩带长度，上下对折

长裤的折叠方法　　短裤的折叠方法

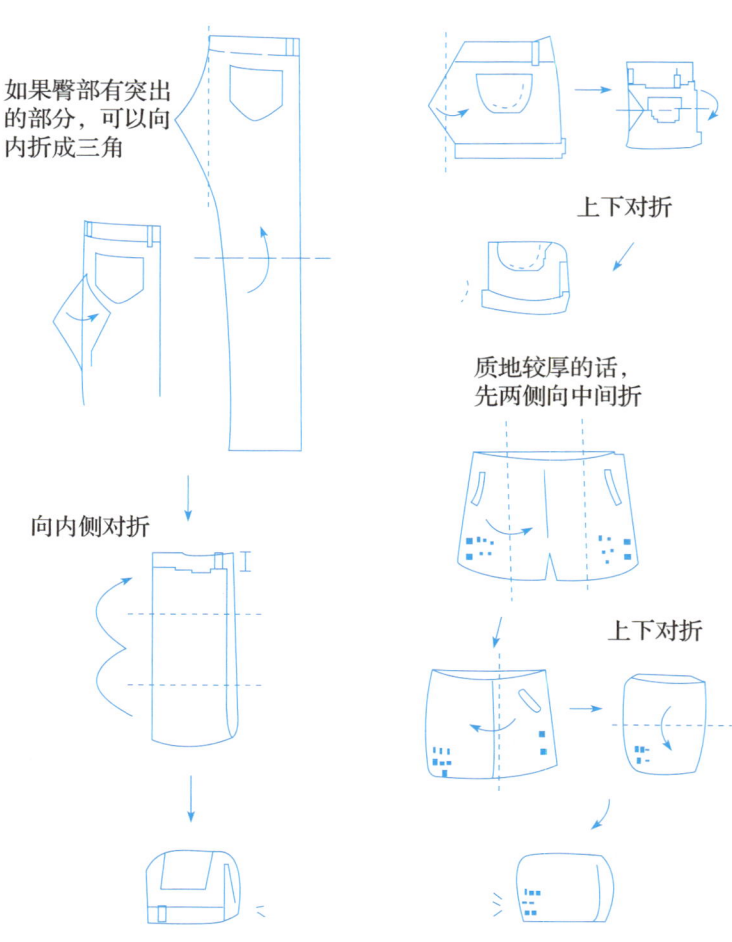

如果臀部有突出的部分，可以向内折成三角

上下对折

质地较厚的话，先两侧向中间折

向内侧对折

上下对折

2. 衣服的熨烫

（1）要熨烫的衣服必须洗净，不要晾得太干。如果衣服太干，熨前则需放在光滑的板面上均匀喷水，或在衣服上铺垫拧干的湿布，方可熨烫。

（2）夏天，未洗净或未晾干的衣服如久置塑料袋内会出现小霉点，可用含醋的水洗刷干净后再熨。

（3）所用水布必须是完好的棉织品，因为棉织品在熨烫中所能承受的温度是纺织品中最高的；若水布受损或轻度损伤时，水布下的毛织物或混纺织物便承受不了高温产生的变化，将会损坏面料。

（4）要顺着衣料的纹线熨烫，如遇斜剪的衣料，亦应顺纹而熨。

（5）在一般情况下，熨衣先熨反面，后熨正面；先熨厚的，后熨薄的；先熨尼龙，后熨棉麻。

（6）如果衣物的皱褶太深，不易熨平，可在上面喷洒一些醋之后再熨，就很容易熨平。

（7）熨衣物时，可先喷洒几滴香水，熨后衣服散发幽香。

（8）熨烫维纶类织物不宜垫湿布。这是因为，维纶布是由维棉与天然棉混纺而成的，它与其他织物的特性不同，在干燥的情况下具有较好的耐热性，在潮湿时其耐热性反而很差。如果在熨烫此类织物时垫湿布，当水温升至90℃～100℃时，其强力将下降20%，而当水温超出100℃时，维纶布就会产生严重的收缩现象，使布质变硬、变脆，从而大大缩短其穿用寿命。

（9）如果熨斗使用时不太平滑，可用旧棉布包些蜡烛碎片摩擦熨斗底部。

（10）熨好的衣物应立即悬挂起来，一是散掉潮热气，保持挺括；二是减少发霉生臭的可能。

> **小结**：心灵优美，举止优雅，若再配上出色的着装，便是锦上添花，会使人魅力倍增。无论哪个年代，衣着都是一个人外表美的包装与再造。不管潮流如何更替，服装款式如何变化，适合你的款式就是最明智的选择。

第二节　民以食为天

2022年3月6日，习近平总书记在看望参加全国政协十三届五次会议的农业界、社会福利和社会保障界委员并参加联组会时谈粮食安全，"悠悠万事，吃饭为大。"中国饮食文化源远流长，是中华文化的重要组成部分。千百年来，饮食文化不断发展，日益丰富多彩。

一、中国的饮食文化概述

中国有"烹饪王国"的美誉。从外延看，中国饮食文化可以从时代与技法、地域与经济、民族与宗教、食品与食具、消费与层次、民俗与功能等多种角度进行分类，展示出不同的文化品位，体现出不同的使用价值，异彩纷呈。从特质看，中国饮食文化突出养助益充的营养卫生理论（素食为主，重视药膳和进补），五味调和的境界说（风味鲜明，适口者珍，有"舌头菜"之誉），奇正互变的烹调法（厨规为本，灵活变通），畅神怡情的美食观（文质彬彬，寓教于食）等4大属性，有着不同于其他国家饮食文化的特殊之处。中国的饮食文化除了讲究菜肴的色香味俱佳外，还要搭配用餐的氛围产生一种情趣，它是中华民族的个性与传统，更是中华民族传统礼仪的表现方式。从影响看，中国饮食文化直接影响到日本、朝鲜、韩国、泰国、新加坡等国家，是东方饮食文化圈的轴心。与此同时，它还间接影响到欧洲、美洲、非洲和大洋洲，中国的素食文化、茶文化、酱醋、面食、药膳等，惠及全世界数十亿人。

总之，中国饮食文化是一种广视野、深层次、多角度、高品位的悠久文化；是中华各族人民在生产和生活实践中，在食源开发、食具研制、食品调理、营养保健和饮食审美等方面创造、积累并影响世界的物质及精神财富。

中国"八大菜系"

二、中国烹饪的方式

中国烹饪的方式有煎、炒、炸、蒸、氽、涮、煮、炖、煨、卤、酱、熏、烤、炝、腌、拌、拔丝等。以下简单介绍其中几种方式：

1. 蒸法

蒸法即蒸制方法，是中式烹饪的技法之一，在菜肴的烹制中运用十分广泛，它是利用水蒸气的热量使食物变熟的一种烹制方法。

2. 炖法

炖是指把食物原料加入汤水及调味品，先用旺火烧沸，然后转成中小火，长时间烧煮的烹调方法，属火功菜技法，分为：隔水炖和不隔水炖。

3. 卤法

卤是一种冷菜的制法，将加工好的原料或预制的半成品、熟料，放入预先调制的卤汁锅中加热，使卤汁的香鲜味渗入原料内部成菜，然后冷却装盘。

4. 煨法

煨是一种将加工处理的原料先用开水焯烫，放砂锅中加适量的汤水和调料，用旺火烧开，撇去浮沫后加盖，改用小火长时间加热，直至汤汁黏稠、原料完全松软成菜的技法。

5. 腌法

腌制的方法很多，有盐腌、糖腌、酱腌、酒腌等。最常用的是盐腌，即将洗净的原料用盐抹擦或放入盐水中浸渍。腌制可使原料中的水分渗出，盐味渗入，使腌制食品保持原有的爽脆、味香之特色。

中华美食

三、潍坊的特色美食

1. 朝天锅

朝天锅是潍坊最为著名的特色菜，属于鲁菜系。它的特色是以烙饼卷肉，吃的时候不用锅。起源于清代乾隆年间的民间早市，流传至今。朝天锅的肉肥而不腻，汤汁清淡，加以烙饼卷食，非常美味，凡是尝过的食客都赞不绝口。

准备材料：猪大骨、猪肝、猪肠、猪肺、猪心、猪肚、咸菜、葱、蒜苗、生菜、香菜、八角、姜、香辛料、盐、白糖、料酒、味精、

朝天锅

花椒粉、烙饼。

做法：

（1）将猪大骨、猪肝、猪肠、猪肺、猪心、猪肚用开水焯去血水；

（2）在焯好的肉中加入八角、姜块、香辛料并煮开，煮开后将浮沫撇去；

（3）在锅中加入盐、糖、料酒煮至肉熟；

（4）在碗内放入切碎的葱末、香菜末、花椒粉、味精，加入骨头汤；

（5）用烙饼卷入自己喜欢的食材即可食用。

2. 高密炉包

高密炉包是潍坊著名的特色小吃，因香、焦、酥、脆而出名，有着悠久的历史。据传说，高密炉包的制法是从汉朝名将韩信手下的厨师手中流传下来的。高密炉包的特点是包子又白又大，皮面暄软，内馅饱满，味道鲜美，挂浆讲究，火候独到，嘎渣焦脆，油香四溢。高密炉包用料讲究，以鲜猪肉、鲜韭菜、鲜白菜和上好的精面粉为主料，以海米、木耳及各种调料为辅料。

高密炉包

做法：

（1）面粉加入少量白糖，后加入酵母水，和成柔软的面团，盖上保鲜膜发酵1个多小时。

（2）五花肉切丁，加葱、姜、盐、生抽、老抽搅拌，后加胡椒粉、料酒、蚝油搅拌，最后加入凉透的花椒油。

（3）豆腐切丁炒一下，木耳泡发先焯水再切丁，粉条泡发焯水切短丁，鸡蛋轻炒一下，然后混合起来加盐、生抽、蚝油调味，最后加入花椒油。

（4）包子包好醒发10～20分钟，平底锅加热放油，小火放入做好的包子煎制即可。

3. 鸡鸭和乐

鸡鸭和乐是山东潍坊的特色名吃，用小麦代替荞麦面，并配以鸡鸭肉、"憨肉"和调料的卤子，卤子以鸡鸭为主，遂名"鸡鸭和乐"。它的制作方法极其考究，以味美汤鲜而闻名齐鲁大地，又以味美价廉深受广大食客的喜欢。

鸡鸭和乐

4. 芥末鸡

芥末鸡是山东潍坊地区的一道传统名菜，用鸡和芥末等调料制作而成。它的口感咸香麻辣、细嫩醇香，让人欲罢不能。对于喜欢吃芥末的人而言，这是一道不容错过的特色菜。

5. 马宋饼

马宋饼的特点是烙花细碎，熟而不糊，柔软芳香，油丰而不腻，微咸而透清香，让人百食不厌。

芥末鸡 　　　　　　　　　　　马宋饼

小结：随着社会的发展，生活水平的不断提高，人们越来越注重饮食保健。健康的身体来自健康的饮食，"食不厌精，脍不厌细"（《论语·乡党》）反映了古人对于食物求精的意识。同时，随着物质生活水平的提高，中国人已把食物的精益求精视为一种重视、尊重客人的表现。

第三节　勤劳造就美好生活环境

从"居者有其屋"到"居者优其屋"，伴随着人们居住观念和住房需求的不断变化，越来越多的中国人对现代居住文化产生新的追求。作为体现城市文明重要内容的现代居住文化，正在成为提高人民群众生活品质、推动城市可持续发展的动力。

一、室内设计的主要内容

1. 室内色彩设计

色彩是室内设计中较为生动、活跃的因素，室内色彩往往给人们留下室内环境的第一印象。

2. 室内家具、陈设、灯具、绿化等的设计和选用

通常它们处于视觉中显著的位置，家具还直接与人体相接触，感受距离最为接近，对烘托室内环境气氛、形成室内设计风格等起着举足轻重的作用。

3. 室内空间组织和界面处理

要在了解原有建筑的总体布局、功能分区、人员流动方向及结构体系等的基础上，予以完善、调整或再创造。

客厅效果图

二、房间收纳整理的技巧

1. 门厅篇

（1）鞋子收纳技巧。

第一，按类型收纳。拖鞋应该放置在最底层，方便进门后直接换。

第二，按季节收纳。鞋柜分容易拿取的地方和不容易拿取的地方，根据鞋子使用的频率分开放置。不好拿取的地方可以收纳过季的鞋子，推荐使用袋子收纳，这样可以节约空间。

第三，利用鞋柜上方空间。鞋柜的柜顶放置一个收纳筐，可以把钥匙、雨伞等用品放在里面，也方便拿取，其余空间可以放一些绿植，装饰美化环境。如果鞋柜里面上方的空间过高，可以自己加上隔板充分有效利用空间。

（2）鞋柜消毒。

鞋柜的卫生可不容小视，鞋子穿在脚上、走在路上，会滋生不少的细菌，而鞋柜

就成了藏污纳垢的地方，如果不及时进行处理，很容易成为一个污染源。

第一，鞋柜要保持干燥，否则容易导致鞋子发霉或者产生异味。可以在鞋柜的底部铺上一层卫生纸，卫生纸的吸水性较强，能吸附空气中的水分。

第二，鞋柜要保持无异味。可以在鞋柜中放入用纱布包好的茶叶、活性炭或者樟脑丸，活性炭有很好的吸附作用，茶叶散发出的清香可以覆盖异味。

第三，鞋柜要定期消毒。鞋柜可以使用二氧化氯消毒剂片剂或者凝胶剂杀菌消毒，二氧化氯除了具有杀菌消毒的作用，还具有除臭除异味的作用，其本身以及在反应过程中对人体与环境都没有危害作用。

2. 客厅篇

（1）电视柜收纳。

电视柜除了摆放电视机外，其余的空间也要充分利用起来。电视柜的抽屉可以放遥控器、手机、充电器、电池等电子产品，柜面上可以放一些绿植盆栽，但柜面不要放太多东西，放太多会显得杂乱。

（2）茶几收纳。

茶几收纳以简单整洁为主，在使用中，茶几上会出现一些零碎的物品和零食，可以选择一些设计简洁的收纳容器，用形状或颜色来区分，让小物件也有秩序。像纸巾盒、烟灰缸、水果盘、零食篮等大件物品应各自收纳好。还可以考虑适当添加 1～2 件装饰品为茶几增色，合理的安排会让人赏心悦目。

3. 厨房篇

（1）餐桌收纳。

餐桌给人的感觉必须是干净卫生的，桌面上可只留下 1～2 件起展示功能的物品，以及使用频率极高的物品，例如牙签、面纸等。并且尽量采用集中收纳的方式，不然就会显得凌乱。

（2）橱柜收纳。

橱柜上方过高，拿取东西非常不便，我们可以把一些不常用的东西放置进去，比如高脚杯、不常用的锅碗等。橱柜如果有抽屉的话，可以把常用的餐具放置在抽屉内。橱柜下方可以放置大米、食用油、面粉等食品，以方便拿取，但是一定要铺防潮垫。

（3）料理台收纳。

厨房的料理台上一般放置一些常用的东西，比如放置调料的调料盒，放置刀具的刀架，以方便炒菜时随手拿放。

4. 卧室篇

（1）衣柜收纳。

第一，按喜好分类。不喜欢、不穿的衣服要及时处理掉。

第二，按季节分类。当季的衣服放在柜子里容易拿到的地方，过季的衣服可放在衣柜最上层。

第三，按类型分类。容易起褶皱的衣服或者比较大件的外套可挂在衣柜里，裤子单独放一类，短袖单独放一类。如果衣物比较多，可以买一些方便拿取的盒子放在柜子内，把衣服按类型放在对应的盒子内，这样方便拿取。

第四，按柜型分类。可以买几个小型的内衣专用盒放在抽屉内，把内衣裤和袜子分开放置。

（2）梳妆台、床头柜收纳。

首饰类的物品可以按类别放在梳妆台的抽屉内，护肤品、化妆品应该按类别放在梳妆台上，也可以使用化妆品收纳盒将化妆品按类别放置在盒子内，这样不容易混乱。常看的书籍、遥控器可以放在床头柜上，方便拿取。

卧室效果图

三、校园卫生整理

1. 教室篇

教室是教师向学生传授课业的场所，要使教室的每一面墙壁都具有教育的作用。对于教育而言，一切都可以成为有利的素材，有效地运用空间资源，创设具有教育性、开放性、生动性且安全性的学习环境，对于陶冶学生的情操，激发学生的思维，融洽师生的情感有着积极作用。

劳动箴言

幸福不会从天降，美好生活靠劳动创造。

（1）整洁美观。整洁、美观、优雅的室内环境，犹如细雨润物，容易给人营造良好的心境。安静、和谐的学习与生活空间，可以催人奋进，滋养学生的人格。因此，教室里必须窗明几净、物品有序、地面洁净。

（2）精心设计，增添乐趣。对班级学习环境建设的法则是力求朴素、大方，适合学生，突出班级特点。可以由学生自己创设班级的文化环境，让能写善画的同学布置与更换板报、墙报，将心灵手巧的同学精心制作的小作品展示在学习园地上，并经常把优秀的作文、作业以及质疑的问题及时更换于学习园地上。这样在美化环境的同时，也把有限的教室空间变为无限的教育资源，并且让学生在美化活动中充分展现自己的审美和创造性。

实践证明，把教室建设成一个"愉悦的场所"，让学生生活在一个书香四溢、幽雅宜人又不失生机勃勃、乐观向上的环境中，能给学生一种高尚的文化享受，使学生在不知不觉中自然而然地受到暗示、熏陶和感染，激发学生热爱学习、热爱生活、热爱班集体的积极情感。

2. 宿舍篇

宿舍是集体生活的场所，每个人都应该整理好自己的床铺。

叠被子的步骤如下：

第一，用双手捏住同一边的两个被角，使劲往两边掀被子，让被子整齐地平铺在床上。然后从外往里面折被子，折成的被子的宽度为原来的三分之一。

第二，用手抚平两边的褶皱，然后在被子两侧略小于四分之一处捏出一条宽约7厘米的长条，反复将长条捏明显，再双手捏住长条的两边。

第三，用力往上拉长条，使整个长条隆起，并在被子的另外一端也捏出隆起的长条。把长条外边的略小于四分之一部分被子往上折叠，再把被子另外一端也往上折叠。

第四，如果这时候的被子两边不是很整齐，那么就用手把这两部分往里面折。然后把被子中间的那部分捏成隆起的长条，再把左边的那部分被子往右边折。

第五，如果被子的角不平整，就用小卡片

刷被子的角，使被子棱角分明，这样整洁的标准四方被就叠好了。

3. 厕所收纳

（1）洗脸台。

洗脸台上可以放置洗手液、洗面奶、牙膏牙刷、梳子这类常用的物品，在洗脸台下方的柜子里可以摆放消毒液之类的清洁用品。

（2）洗衣机架子。

洗衣机旁边最好摆放一个架子，架子可以分为两层，第一层放置毛巾、浴巾，第二层摆放洗衣液、肥皂、洗衣粉等用品。如果有需要还可以摆放一个脏衣筐，每天换洗下来的脏衣服都可以扔在脏衣筐内。

（3）淋浴房架子。

淋浴房通常会有一个架子，用来摆放洗发水、护肤素、香皂、沐浴露等用品。

榜样故事

一屋不扫何以扫天下

2015年，《时代周刊》评选"全球最具影响力人物"，入选者要么是政商界领袖，要么是全球影响力极强的科学家、思想家，其中的一个入选者显得特别"格格不入"，她就是Marie Kondo，入选理由是特别会做家务。

一个姑娘因为会做家务，入选"全球最有影响力100人"。

很小的时候，这个女孩就显得与众不同，她不喜欢嬉闹，喜欢一个人收拾教室的书架。当大家说起将来的理想时，有人说要做工程师、当科学家，她的志向却是成为书架管理员，能够继续整理书籍。立小志，做大事。19岁如花似玉的年纪，她从成立一家小小的咨询公司做起，兢兢业业，一点一滴为家居、办公环境提供整理解决方案。

这一做就是十年之久，从最初每天花五六个小时，持续3天亲自为顾客整理，到如今只提供解决方案，一户家庭平均却能赚到一万美元左右。授人以鱼，不如授人以渔。在世界各地主妇的心中，Marie 有一双魔法般不可思议的手。

从业 10 余年，她把整理家务这件小事当成艺术创作对待，家自然也成了各种"艺术品"的结晶。很多人将整理家务理解为"眼不见为净"，动不动就扔扔扔。在 Marie 看来，整理意味着有序规整。乱的不是物品，而是人的心灵。留下让人怦然心动的物件，其他的归置到恰当的空间里。

如何确认家中让自己怦然心动的物件？一张纸足矣，最先浮现在脑海里的，一定是让你欣喜的东西。一件事做到极致，已经不是技艺层面的东西，而是精神与灵魂。其代表作《怦然心动的人生整理魔法》被翻译成多国语言，成为畅销书。

小结：舒适的居住环境对人们生活质量的影响极为明显。如今，舒适的居住环境逐渐成为设计者和居住者关注的焦点。分析影响居住环境舒适性的因素，有助于我们发现和改善居住环境，使我们的生活更加美好、舒适。

第四节　遵守交规，平安出行

出行不但要遵守交通规则，还应当遵守一些基本的礼仪要求。只有人人了解交通安全常识，自觉遵守交通法规，才能预防交通事故的发生。

一、行人安全常识

（1）行人要走人行道，没有人行道的靠路边行走。

（2）过马路要走人行横道或按指示标志走过街天桥、地下通道。

（3）通过有行人信号灯控制的路口时，应做到红灯停、绿灯行。

（4）通过没有人行道的车行道时，要看清来往车辆，不要突然横穿。

（5）不要在道路上拦车、追车、扒车或抛物击车。

（6）不要在道路上玩耍、坐卧或进行其他妨碍交通的行为。

（7）不要钻越、跨越人行护栏或道路隔离设施。

（8）学龄前儿童应由成年人带领在道路上行走。

（9）高龄老人上街应有人搀扶陪同。

（10）不要进入高架道路、高速公路以及其他禁止行人进入的道路。

（11）不要擅自进入交通管制区。

二、骑车安全常识

非机动车包括自行车、三轮车、人力车、残疾人专用车和助力车。使用非机动车时应当具备自我保护意识，自觉遵守交通法规，文明骑行，做到"十要"和"十不准"。

1. 骑车"十要"

（1）要了解车辆性能，做到车闸、车铃等齐全有效。

（2）要熟悉和遵守道路交通管理法规。

（3）要挂好车牌照，随身携带执照。

（4）要在规定的非机动车道内骑行。

（5）要依次行驶，按规定让行。

（6）要集中精力，谨慎骑车。

（7）要在转向前减速慢行，向后望，伸手示意。

（8）要按规定停放车辆。

（9）要听从交警指挥，服从管理。

（10）要把握不同天气的骑车特点，做到顺风不骑快车，逆风不低头猛踏，雾天控制车速，冰雪天把稳扶手，夏天不斜穿逆行，雨天提防行人乱窜。

2. 骑车"十不准"

（1）不准闯红灯或绕行闯越红灯。

（2）不准双手离把、攀扶其他车辆、手中持物。

（3）不准在市区或城镇道路上骑车带人。

（4）不准在禁行道路、路段或机动车道内骑车。

（5）不准扶肩并行、互相追逐、曲折骑行。

（6）不准牵引车辆或受其他车辆牵引。

（7）不准擅自在非机动车上安装机械动力装置。

（8）不准违反规定载物。

（9）不准未满 12 岁的儿童在车行道上骑车。

（10）不准酒醉后骑车。

三、乘车安全常识

（1）自觉遵守乘车秩序，待车停稳后，先下后上。

（2）不要在车辆禁停位置招呼出租车。

（3）不准携带易燃易爆等危险品乘车。

（4）车辆行驶中，不要将头、手伸出窗外。

（5）不要妨碍驾驶员正常操作。

（6）不要向车外吐痰、投掷物品。

（7）车行道上，不要从车辆左侧车门上、下车。

（8）乘坐小客车时，前座乘客要系好安全带。

（9）乘坐货运机动车时，不准站立或坐在车厢栏板上。

（10）乘坐两轮摩托车必须头戴安全头盔，不要倒坐或侧坐。

（11）乘坐轻轨要遵守轨道交通有关规定，听从管理人员的指挥和引导。

四、交通事故逃生常识

（1）发生交通事故被困在所乘车辆中时，可击碎车窗玻璃逃生。

（2）从所乘车辆中逃出后，要远离事故发生地点，防止因车辆着火、爆炸而造成的伤害。

（3）逃生后要迅速报警或拦截车辆救助其他未逃生人员。

（4）所乘车辆着火时，应先防止吸入烟气窒息，再设法逃生。

五、交通安全礼仪

（1）遵守行走规则，步行要走人行道，行人靠右，并且让出盲道。过马路宁停三分，不抢一秒，走人行横道、天桥或地下通道，切忌图快捷翻越绿化带、隔离栏。

（2）行走的路线应尽量为直线。如果不是寻找失物，就不要在行进中左顾右盼、东张西望。

（3）行走也要有风度，男女同行的时候，男士应该主动走在靠近街心的一边，让女士靠男士的右侧行走。恋人同行时，不要勾肩搭背、搂搂抱抱，女士只能轻轻挽住男士手臂。

（4）约束不良行为，行走时不要吃食物，不要在路上久驻攀谈或是围观看热闹，更不能成群结队在街上喧哗打闹。

（5）上下台阶的礼仪。

1）行走讲究次序。上下台阶，应注意一步一阶，不可并排而行挡住后人。上楼梯时，应让尊者或女士走在前面；下楼梯时，尊者或女士应走在一人之后。

2）上下注意安全。雨天地面潮湿，台阶容易湿滑，上下台阶不可推搡前面的人或硬行抢道。

小结：交通安全不仅关系到自己的生命和安全，同时也是尊重他人生命的体现，是构筑和谐社会的重要因素。现代发达的交通虽然给人们带来了无尽的便利，但同时也增加了许多安全隐患。有人曾称交通事故为"现代社会的交通战争"，交通事故像一个隐形的杀手，潜伏在马路上，等待着违章违规的人出现。因此，我们应当学会保护自己，要养成文明行车、文明走路的习惯。维护交通安全是每个人应该具备的社会公德。

本章小结

劳动是人类社会生存和发展的基础，劳动创造了人类生活所必需的物质财富和精神财富，创造了社会发展进步所必需的一切，可以说，劳动创造了人类，创造了世界。

我们的美好生活，都是辛勤劳动的结果。幸福不会从天而降，美好生活要靠劳动创造。热爱劳动也是中华民族的传统美德。中华民族要实现伟大复兴，就要大力发展社会生产力。发展社会生产力需要大量的劳动付出，强国兴邦的基础就是通过辛勤劳动，创造更多的物质和精神财富。

延伸阅读

来自脱贫攻坚一线的奋斗故事

2020年4月21日，习近平总书记来到金米村考察脱贫攻坚情况，称赞村民们把小木耳做成了大产业。柞水木耳成了网民追捧的网红产品，购物直播间里十几吨木耳被"秒光"，村民们昼夜赶工仍然供不应求。

金米村位于秦岭深处，曾经是极度贫困村。这些年，在扶贫政策和扶贫干部的支持帮扶下，村里建起了培训中心、智能联栋木耳大棚，发展木耳、中药、旅游等产业，村民们用劳动和创造实现了整村脱贫，唱响了大山深处的奋进之歌。

2020年是脱贫攻坚决战决胜之年。金米村的故事，是贫困地区人民群众在党和政府的关怀与帮助下，用劳动创造美好生活，打赢脱贫攻坚战的缩影。

没有人应该注定贫困，一定要干出个样子来。

贫穷并不可怕，可怕的是安于贫穷。劳动创造美好生活，首先要从思想上淡化贫困意识。

河南省兰考县东坝头镇张庄村位于黄河"九曲十八弯"的最后一道弯，这里曾是兰考县最大的风口，风沙之下是一片贫困凋敝的景象。

2014年3月17日，是村民闫春光终生难忘的日子。那一天，习近平总书记来到闫春光家里，了解生活现状，了解家庭收入情况，鼓励他树立脱贫致富的决心和信心。"没有人应该注定贫困，我下定决心，不辜负总书记的期望，一定要干出个样子来！"

2014年7月，闫春光利用扶贫贴息贷款，在党和政府的帮助下，筹建了一个现代化养鸡棚。闫春光经常钻研养鸡技术到深夜，悉心照料鸡棚，当年养蛋鸡3 000只，年底就收到了不错的经济效益。接下来的两年，养蛋鸡规模逐渐扩大，闫春光不仅还清了外债，也甩掉了贫困的帽子。

2015年底，闫春光拿到了兰考县政府颁发的脱贫荣誉证书。"那天是我们一家人最幸福的一天。"闫春光说。

在这场脱贫攻坚战中，贫困地区的人民群众在党和政府的引领帮扶下，焕发出的不服输、不认命，誓要改变贫困现状的斗志，是走向美好未来最重要的内生力量。

凌喜军是黑龙江省铁力市王杨乡红旗村的农民，2015年，他在鹤岗一家工地打工时意外受伤，从此失去劳动能力。手术加上治疗欠了20多万元外债，妻子一个人忙里忙外，很多重活干不了。母亲逢人就哭："走的时候人好好的，回来咋成这样了呢……"

"一想起这些我常常偷着哭，晚上睡不着觉胡思乱想：这么拖累家里，还不如死了得了。"此时的凌喜军心灰意冷。

在凌喜军最绝望的时候，国家扶贫政策给他带来了希望。2016年，伊春铁力市全面启动精准扶贫工作，在精准识别入户走访中，凌喜军被认定为建档立卡贫困户。

铁力市公安局局长张庆忠作为"一对一"帮扶责任人，经常到家里坐在炕上跟凌喜军"唠嗑"："咱别悲观、别气馁，有困难咱们大伙儿一起解决，这坎儿一定能过去！"

"我们两口子以前养过羊，有经验，扶贫单位给我们村里五家贫困户抓了14只羊。政府已经这么帮我们了，自己得干出个样来啊。"心里有了希望，凌喜军的身体也在慢慢好转。

为了把羊养好，凌喜军和妻子上网查资料，向有经验的养羊专业户学习，天天"长"在羊圈里，"虽然累点，但有奔头。"凌喜军说。

通过一年的努力，凌喜军家的羊达到20多只，加上种地收入、村里给他妻子安排的生态护林员的收入以及光伏电站和玉米合作社的分红，2018年，家庭收入4万多元，一下脱了贫。凌喜军说："媳妇说我不像以前总愁眉苦脸的，有笑模样了。"

凌喜军坚定了奔向美好生活的信念和斗志，一个家庭得以重焕生机。

在决战决胜的关键时刻，这种对美好生活的信念和斗志，是激励贫困群众和扶贫干部打赢脱贫攻坚战的强大精神力量。

资料来源：尚文超，张哲浩，等.劳动创造美好生活——来自脱贫攻坚一线的奋斗故事.光明日报，2020-05-01.

素养提升

劳动创造美好生活，奋斗推进时代前行

劳动，是一切成功的必经之路。无论是"京津冀协同发展、长江经济带发展、粤港澳大湾区建设等国家战略"的稳步实施，还是"长江两岸绿意盎然，建三江万亩大地号稻浪滚滚，深圳前海生机勃勃，上海张江活力四射，港珠澳大桥飞架三地"的生动局面，秉轴持钧的关键，正是千千万万的劳动者。

丰硕成果已经在昭示着我们，国家发展赢得先机，经济发展取得进步，人民生活

更加美好，它们都不是轻轻松松就能自我实现的，而是靠我们用双手奏响"劳动光荣、创造伟大"的时代之歌，从而让这些美好逐一成为现实。

时间的年轮，总会镌刻下劳动者的印记。在甘肃的陇原高地，在西北的塞上江南，总有劳动者接续奋斗的时代故事。甘肃河西走廊东端祁连山脚下的古浪县八步沙，曾经有一片风沙肆虐的沙漠，它侵蚀村庄，填埋农田，然而经过当地六个家庭三代治沙人30多年的不懈努力，硬是将这片移动的黄色沙漠变成了绿色家园。

"积力之所举，则无不胜；众智之所为，则无不成。"这矗立在沙漠之上的绿色丰碑，并非是敲锣打鼓、轻轻松松就能得来的，而是"六老汉"、三代人用"大道至简、实干为要"的劳动来铸就的。

劳动是对时代最好的献礼。不仅仅是在绿色生态文明领域的孜孜奋斗，在以更加积极的姿态积极融入和服务国家"一带一路"建设，在汇聚各方力量确保如期顺利实现脱贫摘帽目标，在学习优秀经验扎实推进农村人居环境整治……要在百舸争流、千帆竞发的激流中勇立潮头，我们就必须在劳动中不断去创造自身的价值。相信，唯有辛勤劳动，唯有努力奋斗，我们才能再写华章。

劳动创造美好生活，奋斗推进时代前行。党的十九大报告提出，在本世纪中叶建成富强民主文明和谐美丽的社会主义现代化强国。不管是纵观国际格局，还是放眼国内大势，以及落脚省域实情，孕育一支高素质劳动者队伍都是至关重要的事情。知识型、技术型、创新型高素质劳动者必定是改革发展的主力军，劳动精神、工匠精神、创新意识也已经成为劳动者的精神源泉。这是时代要求，也是大势所趋。学习新知识、掌握新技能、增长新本领，千千万万的劳动者，将通过自己的奋斗和努力，完成赶上时代到引领时代的超越过程。

第六章
志愿服务与志愿精神

　　党的二十大报告指出,"完善志愿服务制度和工作体系。"2022年4月8日,习近平总书记在北京冬奥会、冬残奥会总结表彰大会上的重要讲话指出,要在全社会广泛弘扬奉献、友爱、互助、进步的志愿精神,更好发挥志愿服务的积极作用,促进社会文明进步。

　　追梦需要激情和理想,圆梦需要奋斗和奉献。我们要在奋斗中坚定理想信念,锻造过硬本领,实现人生价值,不辱时代使命,不负人民期望,成为社会主义建设者和合格接班人。

劳动素养

> 案例导入

发挥自己最大的能力，尽一名共产党员应尽的义务

赵广军 1998 年加入广州青年志愿者协会，投身志愿者工作以来，在二十多年如一日的志愿服务生涯中，累计提供 5 万多小时的志愿服务，帮助了近 1 万名服务对象，捐出了 13 万余元的善款，以实际行动彰显了新时期共产党员全心全意为人民服务的高尚情操和"奉献、友爱、互助、进步"的志愿精神。

在志愿服务过程中，赵广军敏锐地意识到，在社会转型时期，人们的思想意识和心理问题逐渐增多，有的青少年在彷徨困惑中逐渐迷失自我，有的老年人和残疾人因体弱多病生活难以自理，情绪消沉。为了帮助他们，赵广军在 2004 年底自费开通了"生命热线"，为社会弱势群体提供免费的心理咨询服务；2007 年 5 月，他又挂牌成立了"赵广军志愿服务工作室"，专门帮助生活中遭遇不幸和承受压力的人。

在志愿服务工作中，赵广军乐善好施，不惜金钱和时间，默默无闻地帮助社会上一些困难人士。他竭尽全力帮助过 66 位孤寡老人，为他们买菜、做饭、洗衣、护理等。为了省钱，赵广军一年四季都只有两三套换洗衣服，好的东西舍不得吃，鞋子烂了也舍不得换。由于常年劳累，饮食起居没有规律，赵广军身患多种疾病，在帮教问题少年的过程中，曾几次因血压高而晕倒，因长时间坐着听电话导致腰肌严重劳损。即便如此，赵广军仍以顽强的意志坚持不懈地帮助、鼓励了许许多多求助者，演绎着助人为乐、奉献社会的人生旋律，用爱心、热心、恒心构建起了一道和谐社会的亮丽风景，影响和带动了一大批社会人士加入志愿服务队伍中。赵广军工作室的队伍从当初的 20 人发展到现在的超过 1 000 人。

在无怨无悔的志愿服务道路上，赵广军不仅点燃自己照亮别人，还以自己的一言一行影响、吸引、凝聚社会各界人士加入志愿服务行列，带领的服务队伍名单不断刷新，有在校大学生、社会专业人士、曾经的帮助对象……他不仅在志愿服务中不断学习充电，提升自我，使自己从最初的业余爱好者成长为这一领域的专业人才，还充分利用自己的知识经验及团队的培训资源，对其他志愿者进行形式多样的专业培训，帮助志愿者在学习中提高，在奉献中成长，在服务中快乐，让团队的力量不断强大，造福更多的社会大众；他不仅将志愿服务作为个人的事业，自己倾尽心血，激情投入，还通过传播志愿精神，让人们在施助中传播友爱，学会抱团取暖，让人们在自助中百折不挠，学会自强不息。他用朴实无华和默默付出走进追求理想、超越自我的精神境界，用常人难以想象的爱心、毅力和志愿服务行动构筑起友爱互助、奉献自我的温馨家园，这就是赵广军——奋斗在志愿服务第一线的一名普通共产党员。

第一节　光荣的志愿者

志愿服务是党和国家事业的重要组成部分，是全面建设社会主义现代化国家的重要力量。以习近平同志为核心的党中央，把志愿服务提升到前所未有的高度，立足百年未有之大变局和开启时代新局，作出了一系列重大决策部署，描绘了振奋人心的志愿服务发展蓝图。

一、志愿者的含义

志愿者也称志愿人员、义工、志工，是指不以物质报酬为目的，利用自己的时间、技能等资源，自愿为社会和他人提供服务和帮助的人。

截至 2020 年年底，我国志愿服务信息系统汇集的注册志愿者已超过 2 亿人。全国已有 1.4 万家志愿服务组织进行了身份标识，在全国志愿服务信息系统上注册的志愿服务团队 98 万个，这些组织和团体充分发挥阵地作用，广泛吸纳和团结凝聚志愿者，推动志愿者队伍规模不断壮大。

中国青年志愿者标志

整体构图为心的造型，同时也是英语"青年"（YOUTH）的第一个字母 Y；图案中央既是手，也是鸽子的造型。标志寓意中国青年志愿者向社会上所有需要帮助的人奉献一片爱心，伸出友爱之手，面向世界、奔向未来，表现青年志愿者"热心献社会，真情暖人心"的主题。

二、志愿者的基本条件

2013 年 11 月，共青团中央、中国青年志愿者协会发布修订的《中国注册志愿者管理办法》。其中，对注册志愿者的基本条件做出了如下规定：

（1）年满十八周岁或十六至十八周岁以自己劳动收入为主要生活来源者；十四至十八周岁者，须经其法定代理人同意；未满十八周岁的在校学生申请注册的，按所在学校有关规定办理。

（2）具备参加志愿服务相应的基本能力和身体素质。

（3）遵守国家法律法规和注册机构的相关规定。

探索与分享：如何在网上注册成为志愿者？

登录中国志愿服务网：https：//chinavolunteer.mca.gov.cn/。2017 年，全国志愿服务信息系统已通过民政部验收，正式上线，为实现志愿服务数据信息的互联互通、共享使用提供了便捷平台。通过该系统，社会公众可以便捷注册为志愿者参与志愿服务；志愿者可以参与自己感兴趣的志愿团体和项目，记录、转移、接续自己的志愿服务时间；志愿服务组织可以按照规范的流程发布项目。招募管理志愿者，开展服务，实现供需有效对接；党政管理部门可以全面了解志愿服务情况，开展数据决策分析。

三、志愿者的权利与义务

1. 志愿者的权利

（1）参加志愿服务活动。

（2）接受相关的志愿服务培训，获得志愿服务活动真实、必要的信息。

（3）获得从事志愿服务的必需条件和必要保障。

（4）优先获得志愿者组织和其他志愿者提供的服务。

（5）对志愿服务工作提出意见和建议。

（6）相关法律、法规、政策所赋予的权利。

（7）可申请取消注册志愿者身份。

2. 志愿者的义务

（1）遵守国家法律法规及团组织、志愿者组织的相关规定。

（2）每名注册志愿者根据个人意愿至少选择参加一个志愿服务项目或活动，每年参加志愿服务时间累计不少于20小时。

（3）履行志愿服务承诺，完成志愿服务任务，传播志愿服务理念。

（4）自觉维护团组织、志愿者组织和志愿者的形象。

（5）在志愿者职责范围内，自觉维护服务对象的合法权益。

（6）自觉抵制任何以志愿者身份从事的盈利活动或其他违背社会公德的活动（行为）。

（7）依法应当承担的其他义务。

四、志愿者应具备的素质

（1）遵守道德规范，具有奉献精神、团队精神、爱国主义精神，诚实守信，工作负责。

（2）具有亲和力，身体和心理健康。

（3）具有一定的关于文明创建、生活常识、社交礼仪、志愿者服务等方面的知识。

（4）具有一定的组织协调能力、口头和文字表达能力和应变能力。

（5）能虚心听取组织的意见，始终保持与组织的联系。

（6）积极提供建议改善服务。

（7）有责任心、恒心，认真履行服务承诺，尽力完成工作。

（8）主动学习和发挥自己的特长去参与服务。

五、志愿者礼仪规范

志愿者在服务中展现的是志愿者的风采,同时在特定的志愿者服务工作中展现的是工作人员的职业形象。因此在志愿服务的过程中应当注意礼仪细节,遵循基本服务礼仪常识,为志愿服务工作和生活增添光彩。

1. 服务礼仪的基本原则

在服务礼仪中,有一些具有普遍性、共同性、指导性的原则。掌握礼仪的原则很重要,它是志愿者更好地学习礼仪和运用礼仪的重要指导思想,服务礼仪的原则主要有:

(1)尊重原则。

孔子说:"礼者,敬人也",这是对礼仪的核心思想高度的概括。所谓尊重的原则,即要求我们在服务过程中,要将对人的重视、恭敬、友好放在第一位,这是礼仪的重点与核心。因此在服务过程中,首要的原则就是敬人之心长存,掌握了这一点,哪怕具体做法一时失当,也容易获得服务对象的谅解。

(2)真诚原则。

服务礼仪所讲的真诚原则,就是要求在服务过程中,必须以诚待人。只有如此,才能表达对客人的尊敬与友好,才会更好地被对方所理解、所接受。倘若仅把利益作为一种道具和伪装,在具体操作礼仪规范时口是心非、言行不一,则是有悖礼仪基本宗旨的。

(3)宽容原则。

宽容原则就是要求我们在服务过程中,既要严于律己,又要宽以待人。要多体谅人,多理解他人,学会与服务对象进行心理换位,而千万不要求全责备,咄咄逼人。这实际上也是尊重对方的一个主要表现。

(4)从俗原则。

由于国情、民族、文化背景的不同,在人际交往中,实际上存在着"十里不同风,百里不同俗"的局面。志愿者在服务过程中,只有对相关国家的礼仪文化、礼仪风俗以及宗教禁忌有全面、准确的了解,才能够在服务过程中得心应手,避免出现差错。

(5)适度原则。

适度原则就是要求应用礼仪时,为了保证取得成效,必须注意技巧,合乎规范,特别要注意做到把握分寸,认真得体。凡事过犹不及。假如做得过了头,或者做得不到位,都不能正确地表达自律、敬人之意。

2. 仪容礼仪

在接待服务中，仪容是最引人注意的地方，青年志愿者在工作岗位上必须对自己的仪容修饰予以高度的重视。

（1）男士仪容修饰规范。

注意衣服整洁，不要在服务中出现口臭、汗臭、狐臭等异味；发型要长短适当，要求做到前发不覆额，侧发不掩耳，后发不触领。

（2）女士仪容修饰规范。

工作中务必保持自己的面部干净、清爽，修饰要自然，工作中要求化淡妆，妆容应淡雅、自然，切忌浓妆艳抹，要"秀于外"与"慧与中"二者并举；注意口腔的洁净，防止产生口臭等异味，服务前应忌食葱、蒜、韭菜，不喝烈酒以及吸烟。

（3）肢体修饰规范。

注意保持手的干净清洁，不留长指甲，不涂鲜艳的指甲油以及在指甲上彩绘；工作中，不穿露趾的凉鞋或拖鞋，以免显得过于散漫；穿着裙装时应穿长筒袜或连裤丝袜。

3. 服饰礼仪

志愿者服饰得体与否，与个人形象、所服务的赛事活动形象乃至国家形象均有极大关系，因此，在服务中对服饰的选择、穿戴要注意以下规范：

（1）着装整洁，忌布满褶皱，充斥汗酸、体臭等异味。

（2）穿着文明、雅观。忌过分裸露、薄透、艳丽。

（3）在服务中，以不佩戴首饰为好。对于男性服务人员来讲，尤其有必要如此。女性如需佩戴，切记以少为佳。具体要求是：佩戴饰品时不宜超过两个品种，佩戴某一类饰品不应超过两件。不宜佩戴花哨和张扬个性的工艺饰品及名贵的珠宝饰品。

4. 仪态礼仪

（1）基本站姿要领。

脚跟并拢，脚尖分开（女士30度左右，男士45度左右），收腹挺胸，提臀立腰，双颊下垂（自然贴于身体两侧），虎口向前，肩略下沉，头正颈直，下颌微收，目光平视。在服务过程中，男性与女性通常根据各自不同的性别特点，在遵循基本站姿的基础上，还可有一些局部的变化，主要表现在其手位与脚位有时会存在一些不同。

男性在站立时，要力求表现阳刚之美。具体来讲，在站立时，可以将一只手（一般为右手）握住另一只手的外侧面，叠放于腹前，或者相握于身后。双脚可以叉开，大致与肩部同宽。但需要注意的是，在郑重地向客人致意的时候，必须脚跟并拢，双手叠放于腹前。

女性在站立时，要力求表现阴柔之美，在遵循基本站姿的基础上，可以将双手虎口相交叠放于腹前。

要特别注意的是，志愿者在服务时，不论是男性还是女性，站立时一定要正面面向服务对象，不可将自己的背部对着对方。

（2）迎宾站姿。

迎宾时的站姿要求规范、标准，即采用上述谈到的基本站姿，双手相叠于腹前丹田处，表示对他人的尊重。宾客经过时，迎宾人员要面带微笑，并向客人行欠身礼或鞠躬礼。

（3）服务站姿。

为客人服务时，头部可以微微侧向客人，但一定要保持面部的微笑，手臂可以持物，也可以自然下垂。

（4）待客站姿。

待客时的站姿有五个要点：一是手脚可以适当地进行放松，不必始终保持高度紧张的状态；二是可以在以一条腿为中心的同时，将另外一条腿向外侧稍稍伸出一些，使双脚呈叉开之状；三是双手可以采用体后背手站姿稍做放松；四是双膝要伸直，不能出现弯曲；五是在肩臂自由放松时伸直脊背。兼顾上述五点，即可以使志愿者不失仪态美，又可以减缓疲劳。

（5）不良站姿。

身躯歪斜；弯腰驼背；趴伏倚靠；双腿大叉；脚位不当；手位不当；半坐半立；浑身乱动。

5. 行姿规范

（1）行姿的基本要求。

行进姿势的基本要点是：身体协调，姿势优美，步伐从容，步态平稳，步幅适中，步速均匀，走成直线。

（2）陪同引领的行姿。

陪同指的是陪伴着别人一同行进；引领，在行进之中为人引路。志愿者在服务中，经常要陪同或引领服务对象。陪同引领时，通常应注意以下四点：

一是本人所处的方位。若双方并排行进时，志愿者应居于左侧。若双方单行行进时，志愿者应居于左前方一米左右的位置，采用右手五指并拢，掌心向上的方式为其指引方向。当服务对象不熟悉行进方向时，一般不应请其先行，同时也不应让其走在外侧。

二是协调行进的速度。在陪同引导服务对象时，本人行进的速度应与对方相协调，切勿我行我素，走得太快或太慢。

三是及时关照提醒。陪同引导服务对象时，一定要处处以对方为中心。每当经过拐角或楼梯或道路坎坷、照明欠佳之处时，须关照提醒对方留意，绝不可以不吭一声，而让对方茫然无知或不知所措。

四是采用正确的体位。陪同引导客人时，有必要采取一些特殊的体位。如请对方开始行进时，应面向对方，稍许欠身。在行进中与对方交谈或答复其提问时，应将头部、上身转向对方。

6. 进出电梯的规范

青年志愿者在高楼大厦里工作时，免不了需要使用电梯。在使用电梯时，应当注意以下问题：

（1）要遵循"先出后进"原则。乘电梯时，一般的规矩是：里面的人出来之后，外面的人方可进去。不守此规定，出入电梯时人一旦过多，就会出现混乱的场面。

（2）照顾好服务对象。在乘电梯时碰上不相识的客人，要以礼相待，请对方先进先出。若是负责陪同引导对方时，服务人员须自己先进后出，以便控制电梯。乘坐有人操作的电梯时，服务人员应当后进后出。

（3）要尊重周围的乘客。进出电梯时，大都要侧身而行，免得碰撞、踩踏别人。进入电梯后，应尽量站在里面。人多的话最好面向内侧，或与他人侧身相向。出电梯时，要做好准备，提前换到电梯门口。

7. 出入房间的规范

志愿者在服务中有时需要进入或离开客人房间，应注意如下细节：

（1）要先通报。在进入房间前，一定要采取叩门（一般以中指轻叩三下）、按铃的方式，向房间里的人进行通报。

（2）要用手开关门。出入房间时，务必用手来开门或关门。在开关房门时，用肘部顶、用膝盖拱、用臀部撞、用脚尖踢、用脚跟蹬等不良做法，都是不可采用的。

（3）要面向他人。出入房间时，特别是在出入一个较小的房间，而房内又有客人时，最好是反手关门、反手开门，并且始终注意面向对方，而不是把背部朝向对方。

（4）要后出后入。与他人一起先后出入房间时，为了表示自己的礼貌，一般应当自己后进门、后出门，而请对方先进门、先出门。

（5）要为他人拉门。在陪同引导他人时，有时志愿者还有义务在出入房间时替对方拉门。

8. 坐姿规范

在服务工作中,志愿者必须明确两点:只有允许自己采用坐姿时才可以坐下;坐下之后,尤其是在客人面前坐下时,务必自觉地采用正确的坐姿。

(1)入座的要求。

在适当之处就座。一定要坐在椅、凳等常规的位置,要是坐在桌子、窗台、地板上,往往是失礼的。

在合"礼"之处就座。先请对方入座是待人以礼的表现;与他人同时就座时,应当注意座位的尊卑,并且主动将上座让于他人。假若条件允许,最好从座椅的左侧入座。这样做是一种礼貌,而且也易于就座。就座时,要减慢速度,放松动作,尽量不要坐得座椅乱响,噪声扰人。坐下后调整体位,为使自己坐得舒适,可在坐下之后调整一下体位或整理一下衣服。但这一动作不可与就座同时进行。

(2)离座的要求。

离开座椅时,身旁如有人在座,须以语言或动作向其先示意,随后方可站起身来。与他人同时离座,需注意起身的先后次序。地位低于对方时,应稍后离座;地位高于对方时,则可先离座;双方身份相似时,可同时起身离座。起身离座时,最好动作轻缓,避免弄响座椅,或将椅垫、椅罩弄得掉在地上。起身后,宜从左离开。与"左入"一样,"左出"也是一种礼节。

(3)服务工作中的几种常见坐姿。

第一"正襟危坐"式,适用于最正规的场合。要求是上身与大腿、大腿与小腿,都应当形成直角,小腿垂直于地面。双膝、双脚包括两脚的跟部,都要完全并拢。

第二"捶腿开膝式",多为男性所用,亦较为正规。主要要求是:上身与大腿、大腿与小腿皆为直角,小腿垂直于地面。双膝分开,但不得超过肩宽。

第三"双脚斜放式",适用于穿裙子的女士在较低处就座所用。主要要求是:双脚首先并拢,然后双脚向左或向右侧斜放,一般使斜放后的腿部与地面呈45度夹角。

第四"双脚交叉式",适用于各种场合,男女均可选择。主要要求是:双膝先要并拢,然后双脚在踝部交叉。需要注意的是,交叉后的双腿可以内收,也可以斜放,但不宜向前方远远地伸出去。

需要特别指出的是,如需在迎宾或庆典活动中身着旗袍,最好不坐,如要坐,切记勿使旗袍后片拖地。

9. 手姿规范

(1)横摆式,要求右手臂向外侧横向摆动,抬至腰部或齐胸的高度,指尖指向被引导或指示的方向。

（2）直臂式，要求右手臂向外侧横向摆动，指尖指向前方。与前者不同的是，它要将手臂抬至肩高，而非齐胸。它适用于引导方位或指示物品所在之处。

（3）曲臂式，要求右臂弯曲，由体侧向体前摆动，手臂高度在胸以下。请人进门时可采用此方式。

（4）斜臂式，要求右手臂由上向下斜身摆动。多适用于请人就座。

10.递接物品的规范

（1）双手为宜，双手递物于人最佳。不方便双手并用时，也要采用右手。以左手递物，通常被视为失礼之举，尤其是对东盟国家的客人。

（2）递于手中。递给他人的物品，以直接交到对方手中为好。不到万不得已，最好不要将所递的物品放在他处。

（3）主动上前，若双方相距过远，递物者理当主动走近接物者。假如自己坐着的话，还应尽量在递物时起身站立。

（4）方便接拿，在递物于人时，应为对方留出便于接取物品的地方，不要让其接物时无从下手。将带有文字的物品递交他人时，还须使之正面面对对方。

（5）尖、刃向内，将带尖、带刃或其他易于伤人的物品递于他人时，切勿以尖、刃直指对方。合乎服务礼仪的做法是，应当使其朝向自己，或是朝向他处。

（6）接取物品时，主要应注意：目视对方，不要只顾注视物品，一定要用双手或右手，绝不能单用左手。必要时，应当起身而立，并主动走近对方。

11.展示物品的规范

（1）便于观看。要将被展示之物正面面对对方，举至一定的高度，便于观者观看。具体而言，一是将物品举至高于双眼之处，通常在被人围观时采用；二是将物品举至双臂横伸时，自肩至肘之处，其上不过眼部，下不过胸部，这一手位易于给人以安定感，便于他人看清展示之物。当四周皆有观众时，展示物品还需变换不同角度。

（2）操作标准。展示物品时，不论是口头介绍还是动手操作，均应符合有关标准。解说时，要口齿清晰、语速舒缓。动手操作时，应手法干净、利索，速度适宜，并经常进行必要的重复。

12.握手礼节

握手时，右臂自然向前伸出，与身体略呈60度角，掌心略向左上，拇指与手掌分开，其余四指自然并拢并微向内屈，轻轻地紧握一下，时间是3～5秒。握手时，眼睛应注视对方，面带亲切的微笑，并伴有问候性的语言。握手时要注意长者优先原则，只有年长者先伸出手，年幼者才可以伸手相握；女士优先原则，只有女士先伸出手，男士才能伸手相握；职位高者优先原则，只有职位高的人先伸出手，职位低的人才能伸手相握。在人多的场合下，不要交叉握手，与长者、女性、生人初识时，千万不要主动、随便伸出你的手。

13. 交谈规范

双方交谈时，用平和的目光注视对方，以示尊敬和礼貌；双方交谈中，应经常保持目光接触，不要左顾右盼，也不要直勾勾地盯着对方。要随着话题内容的变换，及时恰当地做出目光反应。通常，在社交场合，凝视对方面部的社交凝视区域，即以两眼为上线、唇心为下顶点所形成的倒三角形区域，能给人一种平等而轻松的感觉。

不同文化背景的人，谈话时的距离有很大差异。在社交场合，交谈距离一般应保持在 1.2～3.6 米之间，其中 1.2～2.1 米的距离适于在办公室里以及同事间交谈，2.1～3.6 米的距离适合陌生人交谈。尤其应注意，与陌生人交谈不要试图通过身体接触来表示友好。

六、做一个优秀的志愿者

当前，我国志愿服务越来越深度融入经济、政治、文化、社会、生态文明建设的方方面面，全社会参与志愿服务热情高涨，无论是志愿者人数，还是志愿服务组织、志愿服务活动项目、参与志愿服务的时间都已经达到了相当规模。党中央基于对我国发展阶段、发展环境和发展条件变化的科学判断，作出推动各项事业实现高质量发展的战略抉择。这就要求志愿服务也要进入高质量发展阶段，从"数量追赶"转化为"质量追赶"，着力把快速发展的数量优势转变为不断增强的质量优势。

1. 事前积极准备，周密计划

（1）知己知彼，合理匹配——要对自己有实事求是的评估。

（2）加强专业知识和技能的学习——尤其是应急技能的学习。

（3）保持平常心态，服从岗位安排——做微小的事，心怀伟大。

（4）准备服务信息和简便工具——收集有关信息。

（5）熟悉社会支持系统。

（6）签署志愿服务协议。

2. 事中利用资源，从容应对

（1）消除紧张感，保持积极心态。

（2）向社会支持系统主动寻求帮助。

（3）借助团队的力量。

3. 事后调整心态，转化成果

（1）寻求必要的社会支持：向上级、专业的人员寻求帮助，防止压力扩大化、持久化。

（2）必要的放松、休息、调整。

（3）评估总结，分析原因和应对策略，找出经验教训，增强自信心和危机处理能力，以便沉着迎接新的挑战。

参与志愿工作，是一种心灵的需要和满足，让我们成为一名快乐、阳光、优秀的志愿者。

榜样故事

爱，是我们的本能

在临沂市城区活跃着这样一支队伍：他们把帮助别人作为义不容辞的责任，不论严寒酷暑、刮风下雨，总是出现在城市最需要他们的角落，这就是"爱心1+1"出租车队。

成立爱心车队回报爱，2003年6月，王乐福4岁的儿子被查出患了一种罕见的病，这种病的治愈率只有7%。王乐福说，自己当时快要崩溃了，整夜睡不着觉，绝望、无助还有对孩子疏于关心的深深愧疚折磨着他。王乐福把自己的愧疚和对儿子深深的歉意，写成了日记，寄到了广播电台，并到电台读了自己的日记。日记播出后，立即在全城特别是出租车行业内引起广泛关注。王乐福说，当时的情景，他永远都不会忘记：当他做完节目，看到广电大厦的院子里停满蓝色的出租车，有几位认识的同行，站在楼前的台阶旁，而后面还有一群不认识的，他们都用关切的眼神看着他，他的双眼一下就模糊了。

捐款、安慰，四面八方的爱心，让绝望无助的王乐福感觉到了温暖和力量。7%的希望并没有抛弃王乐福4岁的儿子，奇迹发生了，儿子康复了。看着复查结果，这个沂蒙汉子号啕大哭。接下来的日子，王乐福看着活泼可爱的儿子，总是想起那些帮助过他的好心人，是他们让他不再无助。他要回报这些好心人。2008年，有了自己出租车的王乐福发出倡议，成立了爱心车队。

32岁的胡彩霞是郯城县李庄镇人，患尿毒症已经多年。自从2009年，马永宝通过广播电台知道了胡彩霞患病与家庭条件困难的消息，捐了3 000多元钱后，"爱心1+1"车队就承包了接送胡彩霞的任务。

这是记者跟随采访的一次。1月20日，天刚蒙蒙亮，出租车司机马永宝的车就轻车熟路来到胡彩霞家门口。胡彩霞的脸有些浮肿，但是看到马永宝，就像看到哥哥一样，露出灿烂的笑容。

马永宝打开车门，用手挡在车顶，轻轻把胡彩霞扶上车，将空调暖风开到最大。胡彩霞说为了减轻她透析的痛苦，爱心车队的姐姐们给她买了MP3，晚上收车回家后，给她打电话，帮她树立信心。胡彩霞的父亲说："没有爱心车队，就没有俺闺女的命！花钱包车都没有这么及时的！他们不但耽误了挣钱，还给孩子买肉、充话费，农忙还来帮忙，他们是好心人，我们这辈子都报答不完……"

2010年夏天，天下大雨，为了接送胡彩霞，车队队员庄万里曾经在滨河西路上将自己10岁的孩子放下，让孩子打伞走到临沂第二实验小学上学，而自己则急着把胡彩霞送到医院，让她在医生下班前做完透析。7点45分，车来到医院，马永宝不顾胡彩霞的反对，将车开到医院门口，又将胡彩霞搀扶着送到医院五楼。看到胡彩霞躺在病床上，医生开始给她做透析，才放心地离开。临走时，他还一再嘱咐，12点左右他会到医院等着，有什么状况，给他打电话。像这样的接送，爱心车队每周都要做一次。接到胡彩霞的短信后，队长王乐福就会告诉大家接送胡彩霞的日期，队员们总是踊跃报名参加。

被骗得倾家荡产的河北商人吕先生，心灰意冷，认为世界上根本没有真情，他曾留下六封遗书，打算自杀。但是，当他偶然来到临沂，乘坐出租车，听说爱心车队帮助胡彩霞的事情后，大受感动。这种感动，让他看到了人与人之间的真情，也让他放弃了自杀的念头。在爱心车队的带领下，他还来到胡彩霞家里看望她，给她捐款，并从家乡带来一位尿毒症康复者给胡彩霞以鼓励。在胡彩霞看来，爱心车队的人，就是她的哥哥姐姐，他们都叫自己"小胡"，他们已经是一家人。一看到他们，她就觉得有了依靠。

爱心车队队员唐香花的热心肠被很多同行称赞。2010年冬天，唐香花送一位南方乘客到机场。上车前，该乘客在后备箱内放了一个大行李箱。后来乘客下车，而唐香花则回到城区内，在洗车时才发现那个大行李箱还在后备箱内。唐香花说，她当时感到非常着急，怕乘客上了飞机走了，行李箱无法归还。为了赶紧找到失主，她马上联系了临沂人民广播电台，请求滚动发布信息寻找失主。同时，她抱着侥幸的心理，再次来到飞机场等待。她停在飞机场入口边的一条路上，打开车门，坐在驾驶室内，一边听着广播，一边张望着周围的行人，希望找到那位乘客。3个小时后，她终于接到了这位乘客的电话。原来这位乘客在机场下车后，又到了附近的一个材料厂去选购材料，直到付款时，才发现行李箱不见了，而行李箱内还有他的3万元货款！在周围人的建议下，乘客打电话到电台，得到了唐香花的电话。

唐香花激动地驾车到了材料厂，将行李箱亲手交到这位乘客手中，为自己没有提醒乘客取行李而道歉。出租办的工作人员说，他们经常接到乘客感谢爱心车队的电话，有些还送来了锦旗。

现在的爱心车队，已经由15台出租车发展到了23台，其中有十多台是"夫妻车"。所谓的夫妻车就是白天妻子开车营运，晚上由丈夫营运，一台出租车就是他们的

全部生计。

队员百分之九十来自农村，大多是借了亲戚朋友的钱买的出租车。现在他们都还在还房子的贷款与买车的借款。但是，他们却仍在准备着随时随地帮助他人。他们车的后备箱内，都准备着拖车绳，路上遇到私家车或者是同行汽车出现故障的，他们都会帮忙拖车到修理厂。雨伞、方便袋、打气筒等物品也在他们的车里，随时准备帮助他人是他们的本能。

每年的"六一"儿童节，他们会统一组织去看望福利院的孩子们，重阳节去看望敬老院的老人们，"5·12"他们全体去献血。队员们说，他们用自己的方式去帮助他人，回馈社会。

正如王乐福的日记中所言：力所能及地帮助乘客、帮助市民是我们义不容辞的责任。爱，是我们的本能。

> **小结**：传递爱心，传播文明。志愿者围绕广大人民群众普遍关心的生活、环保、交通、治安等问题，从点滴入手，从身边做起，做了大量看起来很平凡却很有意义的事情，全社会因志愿者的辛劳付出而充满温馨，祖国大家庭因志愿者的无偿奉献而更加富有凝聚力。在奉献爱心的同时，志愿者也传播了文明，传播了追求、责任和理想，传播了"爱心献社会，真情暖人间"的精神。这种"爱心"和"文明"最终会汇聚成一股强大的社会暖流，温暖着社会大家庭里的每一个人。

第二节　志愿服务

志愿者服务活动既继承和发扬了中华民族的传统美德，又树立了时代新风正气，成为新时期群众性精神文明创建活动的有效载体，发挥着改进社会及推动社会进步的重要作用。

一、志愿行为和志愿服务

志愿行为指个人做好事，完全是个人行为，也是雷锋精神的体现。比如长期帮助邻居的老人这样的行为，它也是我们社会所提倡和欢迎的。

志愿服务指通过组织，自愿贡献个人时间和精力，在不为物质报酬的前提下，为推动社会进步和社会福利事业而提供的服务。它所强调的是组织性的集体行为，同时一定要付出时间和劳动，强调行动力，统一的组织使我们的服务更具效力。

二、志愿服务的基本特征

志愿服务有自愿性、无偿性、公益性和组织性四个基本特征，其特征的精髓是奉献精神。奉献意味着无偿，不计报酬地为他人、为社会服务，具有奉献精神的人通常也自发自愿地参加志愿服务。

1. 自愿性

志愿服务以激发基于道义良知、同情心和公民社会责任感等内心行为动机为主要动员手段，参加行动的动力来自参加者本身，以自愿参加为前提，体现服务的主动性和自觉性。

2. 无偿性

志愿者活动的动机是非营利趋向的，不以物质报酬为目的，明显区分于追求个人利益最大化的经济行为。志愿服务的本质是奉献社会，服务社会。就志愿服务者而言，得到的回报是精神层面以及能力方面的，以利他和公益为基本目标。对服务活动的组织者来说也具有无偿性，即志愿者的服务不应该被大量用来达到服务以外的目标，不论是经济目标还是其他政治目标或社会目标，否则就会损害志愿服务者的动机。

3. 公益性

公益性是指志愿服务必须指向公共利益。根据志愿服务的公益性，营利行为不属于志愿服务，偶发的帮助行为、基于家庭或友谊的帮助行为、仅仅针对特定个人的帮助行为和互益互助的行为也不属于志愿服务。

对服务活动的组织者来说，志愿服务不应该被用来达到公益服务以外的目标，如经济目标，否则就会损害志愿服务者的动机。

对志愿服务者而言，在提供志愿服务时应该始终坚持以利他和公益为基本目标，不能私自进行工作计划以外的服务内容。例如，志愿者不得在活动时间内宣传与公益活动无关的事。

4. 组织性

志愿服务具有组织性，可以采取社会团体、社会服务机构、基金会等组织形式开展志愿服务，可反映行业诉求，推动行业交流，促进志愿服务事业发展。

志愿服务组织的不断涌现对促进志愿服务活动广泛开展，推进精神文明建设、推动社会治理创新、维护社会和谐稳定发挥了重要作用。志愿服务组织已成为现代社会从事志愿服务最重要的主体。

三、志愿服务的意义

1. 对社会而言

（1）传递爱心，传播文明。志愿者在把关怀带给社会的同时，也传递了爱心，传播了文明，这种"爱心"和"文明"从一个人身上传到另一个人身上，最终会汇聚成一股强大的社会暖流。

（2）有助于建立和谐社会。志愿工作提供了社交和互相帮助的机会，加强了人与人之间的交往及关怀，减低彼此间的疏远感，促进社会和谐。

（3）促进社会进步。社会的进步需要全社会的共同参与和努力。志愿工作正是鼓励越来越多的人参与到服务社会的行列中来，对促进社会进步有一定的积极作用。

2. 对志愿者个人而言

（1）奉献社会。志愿者通过参与志愿工作，有机会为社会出力，尽一份公民责任和义务。

（2）丰富生活体验。志愿者利用闲余时间，参与一些有意义的工作和活动，既可扩大自己的生活圈子，也可亲身体验社会的人和事，加深对社会的认识，这对志愿者自身的成长和提高是十分有益的。

（3）提供学习的机会。志愿者在参与志愿工作过程中，除可以帮助人外，也可培养自己的组织及领导能力。学习新知识、增强自信心及学会与人相处等。

3. 对服务对象而言

（1）接受个人化服务。志愿者服务在提供大量的人力资源的同时，更能发挥服务的人性化、个人化及全面化的功能，从而令服务对象受益。

（2）帮助融入社会，增强归属感。志愿者服务能有效地帮助服务对象扩大社交圈子，增强他们对人、对社会的信心，同时，志愿者以亲切的关怀和鼓励，帮助服务对象减轻接受服务时的自卑感和疏远感，从而使其建立自尊心和自信心。

四、志愿服务类型

志愿服务主要领域包括扶贫济困、助老助残、社区服务、生态建设、大型活动、抢险救灾、社会管理、文化建设、西部开发、海外服务等，具体可以分为以下三大类。

（1）以国家政策为导向的志愿服务，如大学生志愿服务西部计划、大学生志愿服务苏北计划等。这类志愿服务以项目为周期，时间较长，往往需要参与者具备一定的资格条件。

（2）由政府职能机构、事业单位（如学校）等组织的官方志愿服务，如奥运会、世博会、亚运会等的志愿服务。这类志愿服务主要以活动、会议为载体，涉及面广，持续时间短，参与者多为临时招募。

（3）由民间自发组织开展的志愿服务，如自然之友、地球村、绿家园志愿者等。这类志愿服务面向不同的群体，专业性较强，参与有一定门槛，持续时间也较长。例如，自然之友，注册成立于1994年3月31日，是中国成立最早的全国性民间环保组织。20多年来，全国累计超过30 000会员，通过环境教育、家庭节能、生态社区、法律维权以及政策倡导等方式，重建人与自然的连结，守护珍贵的生态环境，推动越来越多绿色公民的出现与成长。

> **小结**：志愿者服务活动，倡导"无私奉献、友爱互助、共同进步"的精神。在讲求竞争、效率的时期，我们同样要注重公平、道义和爱心，需要时代精神的支撑，需要道德准则的规范，需要人与社会的协调。

第三节 志愿精神

在实现中国梦的伟大实践中，志愿精神有着重要价值和作用，全心全意的奉献意识更加弥足珍贵。作为公民个体，我们应该强化担当意识和责任意识，深刻领会志愿精神的内涵，主动投身到志愿者奉献服务之中，从而描绘出奉献服务的美丽画卷。

一、志愿精神的内涵

志愿精神是指一种自愿的、不为报酬和收入而参与推动人类发展，促进社会进步和完善社区工作的精神，是公众参与社会生活的一种非常重要的方式，是公民社会和公民社会组织的精髓。志愿精神概括起来是：奉献、友爱、互助、进步。

1. 奉献

"奉献"即不求回报的付出。奉献精神是高尚的，是志愿服务精神的精髓。志愿者在不计报酬、不求名利、不要特权的情况下参与推动人类发展、促进社会进步的活动，这些都体现着高尚的奉献精神。

2. 友爱

志愿服务精神提倡志愿者欣赏他人、与人为善、有爱无碍、尊重他人，这便是友爱精神。志愿者之爱跨越了国界、职业和贫富差距，是没有文化差异、没有民族之分、没有收入高低的平等之爱，它让社会充满阳光般的温暖。

3. 互助

志愿服务包含着深刻的互助精神，它提倡"互相帮助、助人自助"。志愿者凭借自己的双手、头脑、知识、爱心开展各种志愿服务活动，帮助那些处于困难和危机中的人们。同时，志愿者以互助精神唤醒了许多人内心的仁爱和慈善，使他们持之以恒地真心奉献。

4. 进步

进步精神是志愿服务精神的重要组成部分，志愿者通过参与志愿服务，使自己的能力得到提高，同时促进了社会的进步。在志愿活动中无处不体现着进步的精神，正是这一精神使人们甘心付出，追求社会和谐之境的实现。

二、志愿精神的传播

志愿精神要落实在具体的行动中，即实实在在的志愿服务工作中。志愿精神的传播有一种回音壁效应，付出肯定有回报，赠人玫瑰，手留余香。志愿者把美好、关怀与温暖传递出去，收获了和谐、快乐和认可，所以志愿精神是无穷大的，它需要我们每个人的行动与付出。

三、培养大学生志愿精神的意义

随着我国市场经济的快速发展，志愿精神在和谐社会的背景下显得尤为重要。作为志愿者中坚力量的大学生志愿者群体，其志愿精神是否坚定，决定着我国志愿服务事业的发展。在此情况下，培养大学生的志愿精神，弘扬志愿精神，是大学生志愿者组织的首要任务。

大学生通过参加志愿服务工作，能够端正政治方向，激发自身的热情，锻炼能力，提高综合素质，培养高尚的道德情操，为未来人生的发展奠定坚实的基础。

1. 培养大学生志愿精神有助于促进和谐社会建设

大学生志愿者活动致力于建立互助友爱的人际关系和良好的社会公德，倡导团结友爱、见义勇为、无私奉献的良好风尚，净化了社会风气。大学生志愿者通过参加"社区建设、扶贫开发、支教扫盲、抢险救灾"等公益活动，让困难群众减少忧虑；通过帮助孤寡老幼、残疾人、军烈属、五保户等需要帮助的人，让孤寡老人身边有儿女，军烈属身边有亲人，伤残者身边有兄弟姐妹，特困户得到关怀和照顾，让祖国大家庭更加富有凝聚力，促进了和谐社会建设。

2. 培养大学生志愿精神有助于高校德育工作的开展

当代大学生志愿精神始终贯穿于大学生志愿服务过程中，随着志愿服务工作逐步走向日常化、规范化，其育人功能日渐明显。大学生志愿精神的培养在一定程度上是对大学生思政方面的教育，对提高大学生道德素质，促进和谐社会的发展起到了积极作用。

3. 培养大学生志愿精神有利于提高大学生的综合素质

志愿服务活动培养大学生志愿精神，鼓励大学生志愿者积极投身志愿服务活动中，有利于提高大学生的实践能力、与人交往能力、组织能力以及社会责任意识。志愿服务活动培养大学生的志愿精神，更有利于提高大学生的自我认知能力、自我调节能力及团队合作能力，为以后的社会志愿服务工作奠定扎实的基础。

> **小结**：中华民族拥有五千年的悠久文化和灿烂的东方文明，从"乐善好施"的先哲千年古训到"助人为乐"的雷锋精神，无数仁人志士早已吟唱出人类道德情感的华采乐章。志愿精神既从中华民族的传统美德中汲取营养和力量，同时也是对中华民族传统美德的发扬和光大，志愿精神闪烁着中华民族传统美德的光芒。

本章小结

让我们肩负使命、携手同行，团结引导广大志愿者，扎实推进志愿服务高质量发展，为建设现代化国家贡献更大力量，讲好中国志愿故事，不断激发全社会参与志愿服务的热情，涵育和传扬志愿服务。

延伸阅读

驮在车轱辘上的丰碑

人物简介：

白芳礼生于1913年5月13日，故于2005年9月23日，享年93岁。祖籍河北省沧州市芯县白贾村，从1987年开始，白芳礼连续十多年靠自己蹬三轮车的收入帮助贫困的孩子实现上学的梦想，直到他将近90岁。曾经有人计算过，这些年来，白芳礼捐款金额高达35万元。如果按每蹬1公里三轮车收5角钱计算，老人奉献的是相当于绕地球赤道18周的奔波劳累。蹬车56年，支教18年，90多岁的白芳礼将挣来的钱都用来资助贫困学生和公益事业，丝毫未给自己留一点积蓄。

【感动中国颁奖词】

一位老人、一辆三轮车、35万元捐款、300多名贫困学生……老人走了，了无牵挂地走了，然而老人的爱却永远地留在了这个世界上。这爱从小小的铁皮屋里涌出，从那小小的三轮车辘轳里流出，这爱汇集在那些贫困的学生身上，并由他们不断地向外延伸。这爱感动的不仅仅是300多名贫困学生，而且感动了中国。那从车辘轳流淌出来的爱，驮起的是一座永远的丰碑。

素养提升

践行志愿精神　贡献智慧力量

志愿服务是社会文明进步的重要标志，是广大志愿者奉献爱心的重要渠道。

由共青团中央、教育部、财政部、人力资源和社会保障部共同组织实施的大学生志愿服务西部计划自2003年实施以来，累计招募派遣了37万余名高校毕业生和在读研究生，深入中西部地区的2 000多个县（市、区、旗）开展基层服务。他们为助力解决当地的发展难题、推动社会主义现代化建设贡献力量，弘扬了"奉献、友爱、互助、进步"的志愿精神。

2021年，共有来自2 300多所高校的18万余名应届毕业生及在读研究生注册报名参加西部计划全国项目，接力奉献祖国西部基层建设。

近年来，西部计划全国项目每年实施规模保持在2万人，地方项目实施规模约2.1万人，合计约4.1万人。西部计划实施规模逐步扩大，综合保障逐步夯实，人才工程效果显著，品牌影响力持续拓展，在实践育人、人才流动、促进就业等方面发挥了积极作用。

2011年纳入西部计划一体保障管理的中国青年志愿者扶贫接力计划研究生支教团，以"志愿+接力"的方式累计公开招募派遣了2.2万余名志愿者，赴中西部地区近700所县乡中小学校，开展支教志愿服务工作。志愿者们努力为贫困地区孩子们打开看世界的窗户，助力推动服务地教育质量和办学水平的提高：复旦大学在宁夏西吉县王民中学传承二十载的小小课桌，诉说着"山海情"的感人故事；清华大学研究生支教团青海湟中分队扎根基层10余年，见证着湟中从贫困到全面小康的巨变……

通过多年实践，西部计划已成为向西部地区输送人才的有效载体，一大批政治素质过硬、身体健康、学业优秀的青年志愿者脱颖而出，在服务期满后自愿选择留在当地就业，成为西部地区青年干部、青年人才队伍的重要来源。

西部计划志愿者邵书琴选择到新疆生产建设兵团第三师托云牧场当一名志愿者。服务期满后，她申请继续留在托云牧场工作，利用自己的专业优势，牵头运营当地青年创业就业电子商务孵化基地，助力职工群众增收。

"现在，林芝已不再是那座离家3 000多公里、只在书本上出现过的城市，而是我的第二故乡。"2017年，中山大学第十九届研究生支教团志愿者汪艳以在读研究生的身份来到西藏林芝市第一中学支教，研究生毕业后，她又回到林芝市第一中学任教。

"尽己所能，不计报酬，扎根西部，服务基层。践行志愿精神，传播先进文化，为实现中华民族伟大复兴的中国梦而奋斗。"这是西部计划志愿者的誓词，也是所有怀揣梦想奔赴西部、助力祖国建设的青年人的心声。

2021年，在全面推进乡村振兴的背景下，西部计划实施了乡村教育、服务乡村建设、健康乡村、基层青年工作、乡村社会治理、服务新疆、服务西藏7个专项，以更有力的举措，为乡村振兴贡献青春力量。

来自武汉大学的宋雨婷奔赴西藏，成为一名西部计划志愿者。她说："我父亲常年工作在西部驻村扶贫一线，耳濡目染中我也立下志愿，希望利用自己的知识，为西部建设贡献一分力量。"

脚踏寸寸西部土地，心怀拳拳报国之心。2022年，又一批西部计划志愿者们怀揣梦想踏上行程，心怀"国之大者"，把汗水挥洒在基层，践行志愿精神，贡献智慧力量，为实现中华民族伟大复兴中国梦不懈奋斗。

资料来源：践行志愿精神 贡献智慧力量．人民日报，2021－08－22（04）．

CHAPTER 7

第七章

艰苦奋斗精神

党的二十大报告指出,"弘扬以伟大建党精神为源头的中国共产党人精神谱系,用好红色资源,深入开展社会主义核心价值观宣传教育,深化爱国主义、集体主义、社会主义教育,着力培养担当民族复兴大任的时代新人。"

案例导入

1941年，由于日伪军的残酷"扫荡"和国民党顽固派的包围封锁，加上陕北、华北地区连年遭受水、旱、虫等自然灾害，抗日根据地财经状况和部队供应陷入严重困难的境地。为摆脱困境、战胜敌人的封锁，中国共产党中央委员会和毛泽东号召陕甘宁边区军民积极开展大生产运动。八路军第三五九旅奉命开赴南泥湾垦荒，实行战斗、生产、学习三结合，战胜了重重困难，把一个荒无人烟的南泥湾，变成了到处是庄稼、遍地是牛羊的"陕北的好江南"，成为全军大生产运动的一面光辉旗帜，被誉为执行中共中央屯田政策的模范，同时也创造了宝贵的南泥湾精神。南泥湾精神极大地激发了抗日军民的生产热情，对改善物质生活、减轻人民负担、密切官兵关系和军政军民关系、增强劳动观念和组织纪律性起到了积极作用，为中国革命胜利奠定了坚实基础。

南泥湾精神的基本内涵是：（1）自力更生、艰苦创业。面对没有房子住、没有粮食吃、没有工具用的种种困难，第三五九旅官兵积极响应毛泽东"自己动手，丰衣足食"的号召，披星戴月，披荆斩棘，开荒种地，兴办商业和工厂，开展劳动竞赛，不仅逐步做到了粮食、经费全部自给，还向边区政府上交余粮，显示了自力更生的强大威力。（2）同心同德、团结奋斗。大生产运动中，毛泽东、周恩来、朱德等中央领导以身作则，带头参加劳动，与战士们同甘共苦。第三五九旅全体官兵一律编入生产小组，旅长兼政治委员王震率先垂范，吃苦在前。全旅官兵发扬上下一致、同心协力的优良传统，积极生产，努力劳动，战胜困难。

第一节　艰苦奋斗的新内涵

艰苦奋斗是一种迎难而上、坚忍不拔、克勤克俭、顽强拼搏、不畏艰险、不达目的誓不罢休的精神风貌和道德品质。艰苦奋斗的内涵体现在以下方面。

一、体现在奋发图强、勤俭节约的生活作风上

随着经济社会的发展，人们不用再过社会主义建设初期物质生活资料不足的生活，更不需要冒革命战争年代"抛头颅洒热血"的风险。我们的生活逐渐富裕起来，而一些人的铺张浪费、大手大脚现象却日益严重，不当的消费理念严重影响着一些人的消费行为和习惯，更逐步侵蚀着一些党员干部的思想。党员干部如果追求山珍海味，就尝不惯百姓的粗茶淡饭；追求灯红酒绿，就不可能与百姓打成一片；追求安逸享受，就不可能与百姓同甘共苦。今天强调艰苦奋斗，是要求广大干部群众主动去奢从俭、

不丢勤俭节约的传统美德，从而以党风带政风，矫正世风。新时代的艰苦奋斗不是"穷则独善其身"，而是坚守为人民谋幸福这个初心。

二、体现在求真务实、脚踏实地的实干精神中

物质丰裕了，思想上也不能故步自封。新时代的艰苦奋斗不仅是指以艰苦朴素的行为方式应对客观条件的约束，也包括以居安思危的态度应对改革开放、全面建设社会主义现代化国家新征程中所面临的各种困难和挑战。习近平总书记指出："空谈误国，实干兴邦。"实干就是要真干、撸起袖子加油干，要用"行动上的落实"代替"言语上的争论"，要当攻坚克难的奋斗者。弘扬实干精神，要坚决反对形式主义、官僚主义，要把工作重心放在努力解决人民群众最关心最直接最现实的利益问题上。

三、体现在舍身忘我、默默无闻的奉献态度上

其实，艰苦奋斗精神不是某个时代所特有的精神，而是与人类社会发展同在的。艰苦奋斗精神作为一种积极、健康的生活态度，一种思想境界，无论什么时代，都应被视为一种精神力量、一种高尚美德、一种思想境界。艰苦奋斗，不一定要像战争年代、困难时期那样勒紧裤带过苦日子、紧日子，但必须有一种不懈奋斗的思想意志和精神状态。要让有为者有位，吃苦者吃香，流汗流血牺牲者流芳。

四、体现在顽强不屈、攻坚克难的斗争精神中

长时间的和平环境，容易让一些党员干部淡忘艰苦斗争精神，淡化居安思危意识，贪图安逸、追求享乐，缺乏应对新挑战、开拓新局面的决心和勇气。新时代的艰苦奋斗意味着要发扬斗争精神，敢于斗争、善于斗争，始终保持战胜艰难险阻的勇气。在和平年代，斗争精神有新的表现形式，是中国共产党人精神谱系的重要内涵，体现在抗击新冠肺炎疫情斗争中，就是"生命至上、举国同心、舍生忘死、尊重科学、命运与共"的伟大抗疫精神；体现在脱贫攻坚伟大斗争中，就是"上下同心、尽锐出战、精准务实、开拓创新、攻坚克难、不负人民"的脱贫攻坚精神。

小结：艰苦奋斗是能够保证我国长远发展的原动力，是推动我国改革开放和社会主义建设顺利进行的决定力量。纵观历史可以看出，在革命战争年代无数革命先烈，为了伟大的共产主义事业，抛头颅，洒热血，在极其艰难困苦的环境下英勇奋斗，谱写了艰苦奋斗的壮丽篇章。正是无数革命先烈的艰苦奋斗，才有我们今天的幸福生活。在新世纪新阶段，我们更应该继续保持艰苦奋斗的精神和光荣传统。

第二节　立足现实，艰苦奋斗

党的二十大报告指出，中国共产党已走过百年奋斗历程。我们党立志于中华民族千秋伟业，致力于人类和平与发展崇高事业，责任无比重大，使命无上光荣。全党同志务必不忘初心、牢记使命，务必谦虚谨慎、艰苦奋斗，务必敢于斗争、善于斗争，坚定历史自信，增强历史主动，谱写新时代中国特色社会主义更加绚丽的华章。

调查表明，尽管对"艰苦""艰苦奋斗""艰苦奋斗精神"，不同年龄群体的感受和理解不同，但总体上，人们对这一问题的认识仍具有高度的一致性：尽管我们现在逐步富起来、强起来了，但艰苦奋斗的劲头不能松懈，艰苦奋斗的精神、勤俭节约的美德永远不会过时、永远都是我们的传家宝。

一、培养艰苦奋斗精神

我们党带领人民走过第一个百年历程，从无到有，从小到大，由弱到强，一次次从挫折中奋起，在奋起中不断成熟，原因固然很多，但有一条很根本、很关键，那就是一代又一代中国共产党人始终秉持艰苦奋斗的信念，始终坚持艰苦奋斗、勤俭节约的作风。新时代新征程，实现中华民族伟大复兴将面临更多、更艰巨、更复杂的困难挑战，我们更加需要发扬艰苦奋斗精神。

1. 在日常生活中培养艰苦奋斗精神，保持勤俭节约高尚品德

艰苦奋斗的精神体现在日常生活中，就是艰苦朴素、勤俭节约。有人认为，艰苦朴素、勤俭节约只有在经济困难的情况下才有必要提倡，这是一种错误的观点。

今天再提艰苦奋斗，不是要我们过"新三年旧三年，缝缝补补又三年"的节衣缩食的生活，也不是要我们回到窑洞草屋过封闭的小农生活，而是以艰苦奋斗作为一种强大的精神力量，保持勤俭节约的高尚品德和锐意进取的精神气质，明白幸福生活得来不易，珍惜劳动成果，重视劳动，尊重劳动，尊重劳动者，懂得劳动的伟大意义。

2. 在学习中培养艰苦奋斗精神，形成良好学习风尚

艰苦奋斗的精神体现在学习中，就是刻苦钻研、不畏艰苦，孜孜不倦地学习科学文化知识，勇于探索和创造，不断提高政治理论和科学文化水平，不断完善自己的人格。

作为学生，要时刻牢记，在学习上没有捷径可走，正确的学习方法可以提高学习效率，但科学的方法不等于捷径，有好的方法，如果不付出艰苦的学习劳动，任何人都无法取得成功。

榜样故事

苏步青——自学成才

苏步青，我国著名数学家、学者，曾任复旦大学名誉校长。他出生于贫苦的农民家庭，从小就在地里劳动：放牛、割草、犁田，什么都干。那时他想，这辈子肯定没有读书的机会了。

恰好，村里一户有钱人请了家庭教师，教他的公子读书。苏步青有空就在窗外听听，随手写写画画。想不到，那位公子没学好，苏步青却因此学到不少知识。他的叔叔见他这么想学习，便拿出钱，说服苏步青的爸爸，把他送到百里之外的一所小学去读书。

在小学的第一个学期，苏步青考了个倒数第一名，老师把他叫到办公室，热忱地鼓励他。这使苏步青大受感动，决心发愤图强。真下了决心，情况就不一样了，从第二学期起一直到大学毕业，他每学期都考第一。

苏步青是抓紧时间、勤奋学习的典范。他从小学起，就抓紧时间读了很多好书。进初中后，他的第一篇作文交上去，教师一看，那写作方法很像是《左传》的写法，便怀疑这是不是苏步青自己写的。上课时，老师要考考他，随便点了《左传》上的一篇文章，要他说说写的是什么。不料，他立即一字不错地把那篇文章背给老师听。这使老师和同学们大吃一惊：原来，他读《左传》读得能够背出来了！

3. 在工作中培养艰苦奋斗精神，自觉抵制精神污染

艰苦奋斗的精神体现在工作中，就是要自力更生、奋发图强、不怕困难、不畏艰险地去完成各项任务。

在市场经济浪潮的冲击下、在社会不良风气的影响下，社会上部分人渐渐丢掉了艰苦奋斗精神，陷入纸醉金迷，贪图安逸和享受，不愿意做艰苦的工作，忘记了艰苦奋斗的革命精神。毛泽东同志曾经说过，艰苦奋斗是"防腐剂"。新时代的年轻人更要时刻牢记自身的责任义务，保持和发扬艰苦奋斗精神，自觉抵制权力、金钱、美色的诱惑腐蚀。

4. 立足现实生活，攻坚克难保持本色

改革开放四十多年来，我们党团结带领全国各族人民顽强拼搏、开拓创新，经济社会各方面有了长足发展。"十三五""十四五"时期我国发展更是取得了重大成就，我国经济实力、科技实力、国防实力、国际影响力又上了一个大台阶。但是我们必须承认的一个客观事实是，我国发展仍面临诸多矛盾叠加、风险隐患增多的严峻挑战。

因此，我们必须充分认识到全面建成小康社会决胜阶段的任务十分艰巨，实现国家富强、民族振兴、人民幸福的"中国梦"的任务更是十分艰巨。在新的历史起点上，

我们没有任何理由可以骄傲自满，必须知难而进。作为新时代的年轻人，要更加有效地应对各种风险和挑战，深刻认识艰苦奋斗的现实意义和深远的历史意义，继续保持和弘扬艰苦奋斗精神，把艰苦奋斗作为一以贯之的永恒追求。

无数事例证明，倘若在工作中缺少艰苦奋斗的精神，不去努力，不去奋斗，那么再宏伟的事业也只能是空中楼阁。

榜样故事

黄世芳——努力把工作做好，让自己更成熟

黄世芳是北京大学2017年优秀毕业生。硕士毕业后，他来到广西百色市德保县城关镇党建办工作，主要协助开展扶贫攻坚工作。

入职后，很多人问黄世芳最多的问题就是：为什么来这儿工作？黄世芳坦言，他毕业后曾有去广州某知名企业工作的机会，但最终还是选择了回到家乡广西基层工作，丰富人生经历，未来才有更多可能，更值得拼搏和期待。"在大城市，工作软件硬件设施好，收入也多，但是理性地想想，自己能施展的空间不一定大。"

谈及职业选择和个人发展空间，黄世芳表示："广西的就业渠道和职业选择这些年有很大的提升，现在对人才的需求越来越大，施展才能的专业领域也更广阔。跟我一起来广西的同学都觉得，对人才的精心培养是最重要的，个人发展有保障，才能安心扎根基层。"

选择回到家乡的基层工作，亲友们是什么看法呢？"有乡亲不理解，觉得研究生毕业之后在乡镇工作，每天处理各种琐碎的事，走村入户，这么辛苦，值得吗？我从来没想过这个问题，我想得很简单，就是努力把工作做好，让自己更成熟，让这片土地更美好。"

"基层需要更多青年大学生！"黄世芳说，"青年大学生学习能力强，基层需要这样的人才来充实队伍，蓬勃的朝气和干劲是做好基层工作的有力保障。"

二、脚踏实地投身社会主义建设

艰苦奋斗的精神在任何时期都不会过时。革命年代，它是取得胜利的支撑力；建设时期，它是成就伟业的原动力。"两个一百年"奋斗目标的实现，需要坚持和发扬艰苦奋斗的精神。同时，目标实现之后，艰苦奋斗的精神会依然有其传承价值和时代意义。

作为新时代的大学生，我们既要体悟艰苦奋斗的意义，也要在生活中始终艰苦奋斗，将个人的人生理想融入国家和民族的事业中，立足现实，乐于奉献，不畏艰难，投身社会主义建设，以实际行动、用心血和汗水为祖国的发展贡献自己的力量。

1. 知行合一

中国特色社会主义的发展实践是一项饱含着改革创新和艰苦奋斗精神的伟大系统工程，每个人都要发挥模范作用，杜绝形形色色的形式主义和不作为不担当，要实事求是、脚踏实地，对工作认真负责、任劳任怨，履行好每一项职责。工作中少一些个人得失的计算，多一些舍我其谁的担当；要坚持有一分热，就发一分光，多问自己付出了多少，而不是"精致利己"求回报。

2. 舍己为民

弘扬艰苦奋斗精神，核心是保持与群众的血肉联系。密切联系群众是我们党的优良作风。在艰难困苦、物资极度匮乏的革命战争年代，中国共产党正是因艰苦奋斗的精神和勤俭节约的作风，赢得了人民的衷心拥护。无论是物资匮乏的年代，抑或是生活优越的现在，艰苦奋斗、勤俭节约这个优良传统丢不得。现在，我们生活条件好了，但艰苦奋斗的精神一点都不能少，必须坚持以俭修身、以俭兴业，坚持厉行节约、勤俭办一切事情。我们要坚决恪守纪律、作风的"红线"，注重小事小节，始终把艰苦奋斗的精神和勤俭节约的作风贯穿于工作、生活的方方面面，以艰苦奋斗的政治本色和勤俭节约的高尚情操，勇挑重担、苦干实干，千方百计把最广大人民的根本利益实现好、维护好、发展好。

3. 不畏艰险

事业只有干出来的精彩，没有"谈"出来的辉煌。担当实干是践行初心使命的最生动诠释。面对艰巨繁重的国家改革发展稳定任务，大学生不要自我满足，迷失在安逸、舒适的环境中，要敢于奋斗、乐于奋斗，主动投身疫情防控、乡村振兴、科研攻关等经济社会发展一线，争当奋起争先的改革"急先锋"、狠抓落实的改革"攻坚手"。

榜样故事

张国伟是山东省第十三届人民代表大会代表，潍坊市劳动模范，也是一位地地道道的农民，他凭着自己勤劳的双手和聪明智慧，艰苦创业，成立了合作社，带领农民增收致富，并在实践中不断总结，摸索出一套属于自己的种植经验。

1998年，19岁的张国伟从一家乡镇企业

辞职，回乡当起了农民。因为老家位于昌乐和寿光交界处，当时寿光农业发达，受此启发，张国伟决定回家种西瓜。

第一年，西瓜价格高，他挣了盆满钵满，但第二年，瓜价骤降到两三毛，赔了一百多万元。但他没放弃，一直苦心经营，2014年来到昌乐南部鄌郚镇，在鄌郚镇流转土地700亩，建成集农产品种植、销售、采摘于一体的伟圣现代农业示范基地，采用标准化生产，建设高档钢结构拱棚、大高棚及高温棚，建立严格的产品质量控制体系和完善的产品质量检测机制，实行订单式生产。同时，他在现代农业发展方面的成功经验也在全县推广。

2017年开始，在现有700亩基础上，新增高科技棚区2 400亩，辐射带动周边5个村8 000多亩无籽西瓜种植，形成"一轴、二带、三环、四组团"的规划格局。经过几年的发展，目前合作社已经流转土地2 000多亩，全部建成高标准设施农业大棚，主要种植无籽西瓜、贝贝南瓜以及各种甜瓜，经济效益良好。

随着腰包鼓起来，张国伟成了十里八乡交口称赞的农业致富带头人。为更好地带动群众致富，他积极流转土地建设园区，实现了自己受益、群众受益、村集体受益的"三赢模式"。

榜样故事

蒋金波，江西省赣州市大余县疾病预防控制中心医师。2020年1月28日23时50分，在疫情防控一线连续奋战十几天的他，因劳累过度突发心梗，经抢救无效不幸去世，时年58岁。

2020年1月15日，在疾控中心工作了38年的蒋医生主动请缨上一线，成为流行病学调查组的一员，因为单位只有一名专职司机，蒋医生还自愿担任兼职司机，和同事深入火车站、汽车站、各高速路口卡点、大型商场等进行防疫指导。从1月15日到28日，蒋医生没有申请过休息，在28日下乡完成消杀工作后，倒在家中。

李建国，从事烹饪工作40年，在创新机关食堂烹饪技艺技法和节能降耗等方面做出突出贡献。他"干一行、爱一行"，留心大锅菜烹饪方法的探索和总结，组织编写了《热菜卷》《凉菜卷》《自助餐副食卷》等中国大锅菜系列图书，收录656道菜谱。李建国在注意菜肴烹饪保持色、香、味的同时，还特别强调菜的营养，把大锅菜做出"小炒"的滋味来。他注重节能减排，对大锅灶进行设计改造，节能效果达到37.6%，每年节约燃气近1 000立方米。李建国曾荣获中国烹饪大师、国家机关首届烹饪金牌、北京市有突出贡献高技能人才等荣誉称号。

一个有前途的国家不能没有先锋，一个有希望的民族不能没有榜样。榜样的力量向我们展示了新时代共产党人的坚定信念、时代担当，他们矢志报国、艰苦奋斗、不畏艰难、担当作为，是国家强大的脊梁，是人民心中的力量。

"历览前贤国与家，成由勤俭败由奢。"只有继续保持和发扬艰苦奋斗的精神，发扬光大这一优良传统，才能继续保持党和人民群众的血肉联系，才能更好地服务于人民，才能永葆中国共产党的政治本色，也才能不断提高中国共产党的执政能力，才能得到人民群众的拥护和爱戴；只有继续保持和发扬艰苦奋斗的精神，才能使我们的各项事业取得进步，从而进一步体现出社会主义的优越性。因此，在新世纪新阶段，继续保持和发扬艰苦奋斗具有深远的理论意义和价值意义。

> **小结：** 回顾历史，不难看出，艰苦奋斗是中国共产党的优良传统。可以说，没有艰苦奋斗就没有中国共产党的发展壮大，就没有新民主主义革命的胜利，就没有社会主义革命的胜利，就没有社会主义现代化建设的顺利进行。

第三节　体悟革命精神，传承红色基因

民族苦难铸就民族脊梁，民族脊梁熔铸民族精神。习近平总书记指出，深切怀念革命先烈、革命烈士等，目的就是要弘扬他们身上展现出的忠诚、执着、朴实的鲜明品格，学习他们在砥砺奋进中展示的崇高民族精神和时代精神。

人无精神不立，国无精神不强。革命精神是党和国家的宝贵财富。习近平总书记在党史学习教育动员大会上强调，在一百年的非凡奋斗历程中，一代又一代中国共产党人顽强拼搏、不懈奋斗，涌现了一大批视死如归的革命烈士、一大批顽强奋斗的英雄人物、一大批忘我奉献的先进模范，形成了一系列伟大精神，构筑起了中国共产党人的精神谱系，为我们立党兴党强党提供了丰厚滋养。

一百年来，中国共产党人坚定理想信念、发扬斗争精神、推动伟大实践，在各个历史时期淬炼锻造了众多伟大精神，形成了彰显党的性质宗旨和政治品格的精神谱系。红船精神、井冈山精神、长征精神、遵义会议精神、延安精神、西柏坡精神、红岩精神、抗美援朝精神、"两弹一星"精神、特区精神、抗洪精神、抗震救灾精神、抗疫精神、脱贫攻坚精神等一系列伟大精神，跨越时空、历久弥新，集中体现了党的坚定信念、根本宗旨、优良作风，凝聚着中国共产党人艰苦奋斗、牺牲奉献、开拓进取的伟

大品格，深深融入我们党、国家、民族、人民的血脉之中。

这一系列伟大精神，蕴含着我们"从哪里来、到哪里去"的精神密码，过去是、现在是、将来仍然是我们党的宝贵精神财富，是全党同志用以滋养初心、淬炼灵魂、汲取信仰力量、查找党性差距、校准前进方向的丰富源泉，是鼓舞和激励全党全国各族人民风雨无阻、勇敢前进的强大精神动力。

一、革命精神举要

1. 红船精神

1921年夏，在上海召开的中国共产党第一次全国代表大会因遭到法租界巡捕袭扰，被迫转移到浙江嘉兴南湖的一条游船上继续进行，在这里完成了大会议程，庄严宣告中国共产党正式成立。这条小船因而获得了一个永载中国革命史册的名字——红船，而中国共产党建党伟业所蕴含的伟大革命精神，因此被称为红船精神。

（1）红船精神的科学内涵。

开天辟地、敢为人先的首创精神。这反映了中国共产党创建时期的社会历史条件及早期共产党人的追求，和他们改变近代中国社会的迫切愿望，是党和人民事业发展的动力。

坚定理想、百折不挠的奋斗精神。这是红船精神的支柱，是胜利之本，反映党所特有的政党品质，以及广大共产党人的理想和追求，对整个红船精神起到重要支撑作用。理想信念是党与生俱来的政党品质，这个品质对广大共产党员来说，就是要具有奋斗精神，要百折不挠。

立党为公，忠诚为民的奉献精神。这是红船精神的本质，是政德之基，体现的是共产党人的社会理想、价值取向和根本宗旨、道德要求。无论是马克思主义的社会理论、马克思主义的世界观还是马克思主义对无产阶级政党的要求，都充分说明，共产党的根本宗旨和道德要求就是忠诚为民，就是全心全意为人民服务，没有任何自身特殊的利益。

（2）红船精神的历史地位。

红船精神是中国共产党建党精神的集中体现，在中国共产党建党实践中孕育形成。在建党实践中展现出来的首创精神、奋斗精神和奉献精神体现了建党精神的基本内核和特点。

红船精神凝聚了党的核心价值观。在整个建党时期发挥了精神凝聚作用，推进了建党伟业，其内核是党的价值目标、价值信念、追求，是党的先进性之源。

红船精神是中国共产党革命精神之基。红船精神彰显了超越时空的永恒价值，构成了中国共产党革命精神的基因与内核，成为其传承的动力之源，推动着党的发展壮大。

2. 井冈山精神

1927年10月，毛泽东率领秋收起义部队进驻井冈山地区，创建了中国第一个农村革命根据地。1928年4月，朱德和毛泽东领导的工农革命军会师井冈山，开展土地革命，创建根据地，实行工农武装割据。根据地军民团结一心，经过连续艰苦的战斗，多次粉碎了国民党"围剿"，形成了井冈山精神。

（1）井冈山精神的内涵。

井冈山精神概括为"坚定信念、艰苦奋斗、实事求是、敢闯新路、依靠群众、勇于胜利"的精神。与井冈山道路连在一起的井冈山精神是引导中国革命走向胜利的宝贵精神。

坚定信念、艰苦奋斗是井冈山精神的灵魂。理想信念，是一个人的精神支柱，也是一个政党、一个民族的精神支柱。共产党人的理想信念，就是实现全人类解放的共产主义理想，并且坚信这种理想一定能够实现。共产主义的理想与坚定不移的信念，正是井冈山军民一切力量的源泉。

实事求是、敢闯新路是井冈山精神的核心。井冈山斗争始于革命低潮时期，在这一历史关键时刻，我们党以大无畏的革命胆识，开创了以农村包围城市、武装夺取政权的中国革命独特道路，创造性地制定了党领导军队的一系列组织制度和纪律，引领中国革命不断走向胜利。

依靠群众、勇于胜利是井冈山精神的基石。在井冈山革命斗争中，正是因为我们党始终代表最广大人民的根本利益，与广大人民群众保持血肉联系，才赢得了广大人民群众的拥护和支持，从而使井冈山革命根据地得到巩固和扩大。

（2）"井冈山精神"的历史地位。

井冈山精神是在探寻和开辟中国革命新道路过程中形成的伟大革命精神，是马克思主义中国化经典之作的思想结晶。井冈山精神是中国共产党人的精神家园。中国共产党是在中华民族内忧外患、社会危机空前深重的背景下创建的。中国共产党在不同历史时期形成的革命精神，既有独立的形态，又有互通的渊源关系。井冈山道路的开辟，标志着中国革命走上了崭新的道路，井冈山精神是中国共产党革命精神谱系中的重要一环。

3. 延安精神

在 1935 年至 1948 年，以延安为中心的陕甘宁边区，是中共中央所在地，是中国人民抗日战争的政治指导中心和中国人民解放斗争的总后方。在延安这片热土上，以毛泽东同志为主要代表的中国共产党人顺应历史潮流，勇担历史使命，把马克思列宁主义的基本原理同中国革命的具体实践相结合，系统地总结了中国革命发展的规律，制定了新民主主义革命的总路线，提出了统一战线、武装斗争、党的建设三大法宝，形成了理论联系实际、密切联系群众、批评和自我批评三大优良作风，确立了毛泽东思想在全党的指导地位，实现了马克思主义中国化的第一次历史性飞跃。

延安精神的主要内容包括：坚定正确的政治方向，解放思想、实事求是的思想路线，全心全意为人民服务的根本宗旨和自力更生、艰苦奋斗的创业精神。延安精神的丰富内涵是一个相互联系的整体，需要全面把握和深刻理解。其中，坚定正确的政治方向是灵魂，解放思想、实事求是的思想路线是精髓，全心全意为人民服务的根本宗旨是本质，自力更生、艰苦奋斗的创业精神是特征。延安精神是中国共产党在长期奋斗历程中形成和发展的精神结晶。

二、革命精神的时代价值

1. 革命精神是增强文化自信的重要源泉

中国共产党团结带领全国各族人民艰苦奋斗、不懈奋斗，中华民族迎来了从站起来、富起来到强起来的历史性飞跃，与这一历史进程相伴随的是中华民族文化自信的觉醒、培育并不断增强。

我国的高铁世界领先，形成了世界最长的高铁网络；航天技术突飞猛进，神舟上天，嫦娥奔月，建设太空空间站；蛟龙入海，可以探测到 8 000 米以下的深海海底；港珠澳大桥堪称世界之最，修路、架桥的能力世界第一；军队战斗力大大增强，有了自己的航母战斗群，有了自己的舰载机，海军有了自己强大的舰队，空军有了世界领先的新一代战机。

革命精神正是在谱写我国从"站起来"到"富起来"再到"强起来"这三个篇章的波澜壮阔历史画卷中孕育、发展和传承的，它既不断为经济社会发展提供精神动力，也为增强文化自信提供了十足的底气和充足的养分。

2. 革命精神是实现中国梦的强大精神动力和思想武器

革命精神是实现中国梦的强大精神动力和思想武器，成为推动社会现代化建设和推进改革开放伟大事业的强大精神动力。在建设时期，我们形成了爱国、创业、求实、奉献的"大庆精神"，爱国奉献、自力更生、艰苦奋斗、勇于登攀的"两弹一星"精神，信念坚定、大爱胸怀、忘我精神、进取锐气的"雷锋精神"等。

改革开放后，在战胜各种重大风险挑战中，我们形成了"万众一心、众志成城、不怕困难、顽强拼搏"的抗洪抢险精神，"团结互助、和衷共济、迎难而上"的抗击非典精神，"勇于攻坚、开拓进取、无私奉献"的载人航天精神，等等。这些精神是红色文化在新的历史时期的时代呈现，是革命精神的传承与发展。

在新时代大力发扬革命精神，对于我们进行伟大斗争、建设伟大工程、推进伟大事业，实现伟大梦想，具有重大的现实意义。

三、传承红色基因

红色基因是共产党人永葆本色的生命密码。红色基因根植于共产党人的血脉之中，成为共产党人的遗传因子。红色基因体现了共产党人的身份自信和使命担当。

中华民族的伟大复兴之路新征程已顺利开启，我们在前进道路上仍面临着许多难关和挑战，必须从党的历史中汲取智慧和力量，以历史主动精神扛起时代重任，那么红色基因究竟"红"在哪，其本质精髓何在？

1. 革命理想高于天的坚定信念

理想之光、信念之火激发出改变世界的无穷精神力量，这是红色基因最具魅力的元素。回望艰苦卓绝的中国革命史，是什么力量把中华民族成千上万热血儿女聚焦在一起，他们明知征途有艰险，却毫无畏惧、前赴后继，是对崇高理想、坚定信念矢志不渝的坚守。为有牺牲多壮志，敢教日月换新天。方志敏在狱中受尽酷刑，仍写下《清贫》《可爱的中国》，英勇就义前慷慨陈词："敌人只能砍下我们的头颅，决不能动摇我们的信仰！"恽代英说："我们吃尽苦中苦，而我们的后一代则可享到福中福。为了崇高的理想，我们是舍得付出代价的。"他们中的许多人家境殷实、衣食无忧，却自愿舍弃书斋暖房、高官厚禄，选择筚路蓝缕、风餐露宿，正是因为胸中有对人民的责任、心底有对理想的激情。面对惨遭蹂躏的山河、苦难深重的百姓，他们要挽民族于危难，救人民于水火，为主义之真、国家之强、民族之兴去奋斗去抗争。习近平总记在庆祝改革开放40周年大会上的讲话中指出，信仰、信念、信心，任何时候都至关重要。小到一个人、一个集体，大到一个政党、一个民族、一个国家，只要有信仰、信念、信心，就会愈挫愈奋、愈战愈勇，否则就会不战自败、不打自垮。

2. 永远听党话跟党走的不变军魂

忠诚，造就了人民军队对党的赤胆忠心，这是红色基因最核心的特质。

从南昌城头第一声枪响，人民军队就坚定地向着镰刀铁锤的方向铿锵进发，党指挥枪始终是这支军队的命根子。建军之初，我们党就在军队各级建立了党的组织，班排有小组，连队有支部，营级以上单位建立党委，党的领导直达基层、直达士兵。

在风雨如磐的漫长革命道路上，任凭风云变幻和各种风浪考验，千千万万革命将士坚定不移听党的话、跟党走，铸就了攻无不克、战无不胜的钢铁雄师。

坚决听党指挥是强军之魂，必须毫不动摇坚持党对军队的绝对领导，任何时候任何情况下都坚决听党的话、跟党走。人民军队党缔造，成长壮大党培养。党旗所指，就是军旗所向。坚定不移听党话、跟党走，是人民军队与生俱来的红色基因，也是广大官兵必须具备的政治觉悟和必须坚持的立场原则，要始终不渝坚守，自觉躬身践行。

3. 一不怕苦二不怕死的战斗精神

只要还有一个人，就要同敌人血战到底，这种大无畏的革命英雄主义精神，是红色基因最生动的呈现。

我军素以强大的战斗精神闻名于世，靠着向死而生的英勇决绝，形成了压倒一切敌人而不被任何敌人所压倒、征服一切困难而不被一切困难所征服的伟大气概。正是靠着这样一种精神，我军完成了英雄史诗般的万里长征，以小米加步枪打败了美式装备的国民党军队，在朝鲜战场打败了武装到牙齿的世界头号强敌，创造了一个个惊天地、泣鬼神的英雄壮举。

4. 高度自觉严格的革命纪律

用铁的纪律凝聚铁的意志、锤炼铁的作风、锻造铁的队伍，是红色基因最鲜明的标识。

加强纪律性，革命无不胜。我军自创建之日起就把革命的坚定性、政治的自觉性、纪律的严肃性结合起来，千军万马有令必行、有禁必止。井冈山时期，红军就规定了"三大纪律、六项注意"。古田会议决议中，专门要求对官兵进行纪律教育。解放战争时部队进驻上海，官兵露宿街头，口渴得嘴唇干裂也不进入老百姓家取水。抗美援朝战争中，邱少云为了不暴露目标，在烈火焚烧下岿然不动，直至献出宝贵生命。在长期革命斗争中，正是由于有了建立在高度政治觉悟基础上的革命纪律，人民军队始终凝聚成团结统一的战斗集体，一切行动听指挥，步调一致向前进。

习近平总书记在庆祝中国人民解放军建军90周年大会上指出，加强纪律性，革命无不胜。一支军队的力量，不仅要看其人数，不仅要看其武器装备，还要看其纪律性。一支没有纪律的军队，只能是乌合之众。前进道路上，人民军队必须用铁的纪律凝聚铁的意志、锤炼铁的作风、锻造铁的队伍，任何时候任何情况下都一切行动听指挥、步调一致向前进。

5. 独立自主探索创新的思想品质

坚持从战争中学习战争，从实践中探索规律，勇于改革、善于创新，是人民军队不断发展的康庄大道，也是红色基因最具活力的品格。

在革命、建设、改革征程中形成发展的独立自主探索精神，是我党我军不断从挫折中觉醒、从胜利走向胜利的真谛所在。因为独立自主，才有了井冈山革命根据地的创建，产生了工农武装割据思想，确立了农村包围城市、武装夺取政权的革命新路；才有了遵义会议的召开，结束"左"倾教条主义错误在党中央的统治，确立以毛泽东为代表的新的中央正确领导。因为探索创新，才有了人民战争思想和灵活机动的战略战术，才有了人民军队边战边改，边建边改，愈改愈强。

6. 全心全意为人民服务的根本宗旨

永远保持同人民群众的血肉联系，始终做人民信赖、人民拥护、人民热爱的子弟兵，这是红色基因最亮丽的底色。

中国共产党自诞生之日起，就把人民写在自己的旗帜上，把人民放在心中最高位置，这是人民军队区别于其他任何武装力量的显著特征。无论是革命战争年代还是和平建设时期，我党都始终恪守、忠实践行全心全意为人民服务的根本宗旨，坚持一切为了人民、一切服务人民，永远做人民利益的忠实捍卫者。谁把人民放在心上，人民就把谁放在心上。战争年代，人民群众与子弟兵并肩战斗，从抗日战争"陷敌于灭顶之灾的汪洋大海"，到解放战争"潮涌般的小推车和担架队"，再到抗美援朝战争"举国上下愿倾其物力财力"，为我军战胜一个个强敌提供了坚强后盾。无论形势如何变化，人民军队的性质宗旨始终没有变，根基血脉始终没有变。

党的二十大报告指出，全党要坚持全心全意为人民服务的根本宗旨，树牢群众观点，贯彻群众路线，尊重人民首创精神，坚持一切为了人民、一切依靠人民，从群众中来、到群众中去，始终保持同人民群众的血肉联系，始终接受人民批评和监督，始终同人民同呼吸、共命运、心连心，不断巩固全国各族人民大团结，加强海内外中华儿女大团结，形成同心共圆中国梦的强大合力。

小结：当今社会变化迅速，但不管如何变化，我们都不能忘记流淌在我们身体里的红色血液，更不能忘记贯穿在民族中的红色基因。作为新时代的大学生，我们要继承革命先辈的光荣传统，传承党的红色基因，爱党爱国，为中华之崛起而读书，为中华之复兴而奋斗！

本章小结

艰苦奋斗传统、红色精神、红色基因，都是中国共产党和人民的宝贵财富。当代大学生是青春和活力的代表，是祖国未来的希望，更应发扬艰苦奋斗的传统、接受红色革命的教育、传承好红色基因，把人生理想融入国家和民族的事业中，为实现中华民族伟大复兴的中国梦贡献力量。

延伸阅读

《七律·长征》
毛泽东

红军不怕远征难，万水千山只等闲。
五岭逶迤腾细浪，乌蒙磅礴走泥丸。
金沙水拍云崖暖，大渡桥横铁索寒。
更喜岷山千里雪，三军过后尽开颜。

《梅岭三章》
陈毅

断头今日意如何？创业艰难百战多。
此去泉台招旧部，旌旗十万斩阎罗。

南国烽烟正十年，此头须向国门悬。
后死诸君多努力，捷报飞来当纸钱。

投身革命即为家，血雨腥风应有涯。
取义成仁今日事，人间遍种自由花。

素养提升

2019年3月18日，中共中央总书记、国家主席、中央军委主席习近平在京主持召开学校思想政治理论课教师座谈会并发表重要讲话。他强调，办好思想政治理论课，最根本的是要全面贯彻党的教育方针，解决好培养什么人、怎样培养人、为谁培养人这个根本问题。新时代贯彻党的教育方针，要坚持马克思主义指导地位，贯彻新时代中国特色社会主义思想，坚持社会主义办学方向，落实立德树人的根本任务，坚持教育为人民服务、为中国共产党治国理政服务、为巩固和发展中国特色社会主义制度服务、为改革开放和社会主义现代化建设服务，扎根中国大地办教育，同生产劳动和社会实践相结合，加快推进教育现代化、建设教育强国、办好人民满意的教育，努力培养担当民族复兴大任的时代新人，培养德智体美劳全面发展的社会主义建设者和接班人。

参考文献

[1] 王海亮. 新时代大学生创新创业精神培育与劳模精神契合研究. 思想政治教育研究，2018，34（4）：144-147.

[2] 邵月娥. 关于劳模精神、劳动精神、工匠精神的时代内涵与内在逻辑的理论探析与实践探索. 天津市工会管理干部学院学报，2020，37（1）：27-32.

[3] 秋山利. 匠人精神. 北京：中信出版社，2015.

[4] 周灵均，田天. 弘扬工匠精神，做爱岗敬业好员工. 北京：企业管理出版社，2016.

[5] 亚力克·福奇. 工匠精神：缔造伟大传奇的重要力量. 杭州：浙江人民出版社，2014.

[6] 孙小恒，吴永恒. 新时代"工匠精神"的正名、反思与重塑. 中国职业技术教育，2019（13）.：37-42.

[7] 朱秀丽，鲍卫. 服装制作工艺. 北京：中国纺织出版社，2009.

[8] 徐机玲，高璎璎. 中国人对现代居住文化新追求. 中国经济网，2004-05-05.

[9] 高老师. 房屋收纳整理的小技巧. 高效技能宝典（公众号），2020-06-25.

[10] 刘梅. 如何培养大学生的志愿精神. 科技致富向导，2012（36）.

图书在版编目（CIP）数据

劳动素养 / 王敬良主编. -- 北京：中国人民大学出版社，2022.8
新编 21 世纪职业教育精品教材
ISBN 978-7-300-30926-2

Ⅰ. ①劳… Ⅱ. ①王… Ⅲ. ①劳动教育－职业教育－教材 Ⅳ. ① G40-015

中国版本图书馆 CIP 数据核字（2022）第 152482 号

新编 21 世纪职业教育精品教材
劳动素养
主　编　王敬良
副主编　王春艳　李海燕
参　编　丁晓宇　宗海丽　高　珊　田兴红　秦凤霞　王元明
主　审　张庆会
Laodong Suyang

出版发行	中国人民大学出版社		
社　　址	北京中关村大街 31 号	邮政编码	100080
电　　话	010-62511242（总编室）	010-62511770（质管部）	
	010-82501766（邮购部）	010-62514148（门市部）	
	010-62515195（发行公司）	010-62515275（盗版举报）	
网　　址	http://www.crup.com.cn		
经　　销	新华书店		
印　　刷	北京瑞禾彩色印刷有限公司		
开　　本	787 mm×1092 mm　1/16	版　次	2022 年 8 月第 1 版
印　　张	9.75	印　次	2025 年 8 月第 7 次印刷
字　　数	178 000	定　价	38.80 元

版权所有　　侵权必究　　印装差错　　负责调换